Matthias Zimmermann

Sprich mit meinem Arsch, mein Kopf ist krank!

Die schmutzigsten Redensarten und fiesesten Flüche unserer europäischen Nachbarn

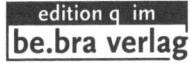

edition q im
be.bra verlag

Mehr Informationen unter
www.facebook.com/Redewender

Bibliografische Information der Deutschen Nationalbibliothek
Die Deutsche Nationalbibliothek verzeichnet diese Publikation
in der Deutschen Nationalbibliografie; detaillierte bibliografische
Daten sind im Internet über http://dnb.d-nb.de abrufbar.

© edition q im be.bra verlag GmbH
Berlin-Brandenburg, 2012
KulturBrauerei Haus 2
Schönhauser Allee 37, 10435 Berlin
post@bebraverlag.de
Lektorat: Marijke Topp, Berlin
Umschlag: Ansichtssache, Berlin
Satz: typegerecht, Berlin
Schrift: DTL Documenta 9,5/14 pt
Druck und Bindung: GGP Media GmbH, Pößneck
ISBN 978-3-86124-667-1

www.bebraverlag.de

Inhalt

Zum Geleit

Sprache ist ein Segen. Geschaffen, damit wir uns nicht schweigend anstarren. Und da wir ihrer nun einmal mächtig sind, nutzen wir sie nicht nur, um Informationen auszutauschen, Termine zu vereinbaren oder nach dem Wetter zu fragen. Sprache ist der wichtigste Weg, – guten wie schlechten – Gefühlen Ausdruck zu verleihen, Dampf abzulassen, anderen mitzuteilen, was wir wirklich von ihnen halten. Wenn es hart auf hart kommt, uns das Wasser bis zum Hals steht oder einfach nur die Emotionen hochkochen, kennen wir keine Grenzen – des sprachlichen Einfallsreichtums ebenso wenig wie des Anstandes. Fluchen und Schimpfen bieten ein Ventil, das sicherlich etliche Konflikte davor bewahrt hat, mit Fausthieben zu enden. Gleichwohl dürfte eine treffende Beleidigung ebenso viele Fausthiebe erst auf den Weg gebracht haben.

Fluchen, verwünschen, keifen, poltern: Kaum etwas bringt in Europa buntere Blüten hervor als die schmutzige Sprache. Ihre unheiligen Gesetze und Regeln beherrscht jedes Kind und jeder Greis von der Gosse bis zur goldenen Tafel. Flüche zählen seit jeher zur dunklen Seite lang gepflegter Bräuche und so sind sie überall in Europa aufs Engste mit der Kultur, Religion und Geschichte des jeweiligen Landes verwoben.

Obwohl alle sich darüber einig sind, dass eine treffende Beleidigung immer auf die Schwachpunkte des anderen zielt – von dessen Familie über seine Geisteskraft bis hin zu seiner Potenz –, sind die Mittel keineswegs durchweg international, sondern erfrischend unterschiedlich. Während etwa die frühzeitig säkularisierten nordeuropäischen Länder die Religion mehr und mehr aus ihrem Fluchwortschatz gestrichen haben, eignet sich in Südeuropa Heiliges noch immer als erstklassig Unheiliges. Griechen etwa finden, einer, der nicht ganz richtig im Kopf ist, sei »vom verrückten Priester getauft worden« (*τρελός παπάς το βάφτισε – trelós papás to wáftise*). Die erzkatholischen Spanier wiederum verpassen einem, der ihnen frech kommt, mit »einer Hostie« nichts anderes als eine Ohrfeige (*dar una hostia a alguien*). Und immer sind Beschimpfungen, Flüche oder Beleidigungen kleine Lehrstunden in Sachen Landeskultur: So unterstellen die selbsternannten Erfinder der Nudeln aus Italien einem Ungeschickten gern, er habe »Hände aus mürber Pasta« (*avere le mani di pasta frolla*). Ungarn wiederum, die nur zu gern an die Zeit erinnern, als ihre Vorfahren tagein, tagaus auf pfeilschnellen Pferden über die Puszta preschten, wünschen ihrem ärgsten Feind »einen Pferdeschwanz in deinen Arsch!« (*Lófasz a seggedbe!*).

Die Fluch- und Schimpfsprache ist ein Anfang ohne Ende, ein Meer ohne Ufer, ein Fass ohne Boden. Sie wächst und verändert sich ständig. Dieses Buch widmet sich drei der wichtigsten Felder der *foul language*, wie die Engländer sagen: dem Reden über Sex, dem Fluchen und dem Beleidigen. Die Texte sind eine Einladung zu einem kleinen Rundgang durch den Garten des Schimpfens. Den ganzen »Park« unfeiner Sprüche, Flüche, Wünsche und Ausdrücke vollständig zu vermessen, wäre ein aussichtsloses Unterfangen. Es ist ein Einstieg, bei dem es nicht darum gehen kann, Vollständigkeit zu erreichen oder den komplexen Regeln des Übersetzens vollends gerecht zu werden. Die folgenden Texte sollen unterhalten und zu eigenen Entdeckungen einladen. Entdeckungen auf einem Gebiet der Sprache, über das man nur allzu oft und viel zu schnell die Nase rümpft. Und nicht zuletzt will dieses Büchlein Ihre Sinne schärfen und Sie vor unverhofften Katastrophen bewahren: Damit Sie wissen, was zu tun ist, wenn ein Bayer in *Ballerbüxen*, also Krawallhosen, Sie *Nosndralla*, »getrockneten Nasenschleim«, oder *Rossboinsommla*, »Pferdeäpfelsammler«, nennt. Dann holen Sie Ihre Schimpffibel hervor und kontern auf Jiddisch: »Sollst leben wie eine Zwiebel, mit deinem Kopf in der Erde und deinem Arsch in der Luft!« (*Zolst lebn vi a tsibele, mit dayn kop in drerd und dayn tuches in di luft!)* Das hilft. Bestimmt!

Matthias Zimmermann
Potsdam, August 2012

Schmutzige Gedanken

Kartoffelgeister, die ich rief ...

Erbaulich ist er nicht, erheiternd schon. Meistens jedenfalls. Ein richtig schmutziger Witz, ein »Kartoffelgeist« (*spirito di patata*), wie Italiener sagen würden, der verletzt mindestens ein Tabu, besser mehrere, und um eins muss es unbedingt gehen: um Sex. Engländer reden diesbezüglich gar nicht um den heißen Brei herum. Bei ihnen heißt der schmutzige Witz einfach »schmutziger Witz« (*dirty/smutty joke*). Und für solche ist sich auch der Nationaldichter nicht zu schade. Shakespeares Werk ist gespickt mit mal mehr, mal weniger verhüllten sexuellen Anspielungen. Es wurden über 700 Zoten rund um Sex in seinen Stücken gezählt, dazu mehr als 400 über Genitalien beiderlei Geschlechts. Beispiel gefällig? *Romeo und Julia*, fünfter Akt, dritte Szene: Julia findet Romeo tot in der Kapelle. Und hier, im Angesicht des Todes, erlaubt sich der Dichter ein schlüpfriges Wortspiel: »Yea, noise? Then I'll be brief. O happy dagger! [Snatches Romeo's dagger.] This is thy sheath; there rest, and let me die.« Für Romeos »glücklichen Dolch« (*happy dagger*) will sie »Scheide« sein. Klar soweit? Die deutsche Übersetzung legt auf diese stilvolle Schlüpfrigkeit leider keinen besonderen Wert, aber erahnen lässt sie sich noch: »Wie? Lärm? – Dann schnell nur! O willkommner Dolch! [Sie ergreift Romeos Dolch.] Dies werde deine Scheide. Roste da, und laß mich sterben!«

Was Holländer einen »schiefen Witz« (*schuine mop*), Franzosen »schweinische Geschichten« (*histoires cochonnes*) und Polen einen »schweinischen Batzen« (*świński kawał*) nennen, kennen wir Deutschen als »Zoten«. Und die gibt es ähnlich lange wie Shakespeares *smutty jokes*: etwa seit dem 15. Jahrhundert. In mittelalterlichen Fastnachtsspielen wurde allerhand Schabernack getrieben und schon Martin Luther nannte diese unflätigen Späße »Zotten«, womit eigentlich ein Büschel verfilzte, verschmutzte Schamhaare bezeichnet wurde. Erst im 17. Jahrhundert fiel dem Witz ein »t« aus und er wurde zur Zote.

Legendär, dank ihrer gepflegten Form kombiniert mit überraschend schlüpfrigem Inhalt, sind die englischen Limericks. Einige der anstößigsten dieser schon seit dem 17. Jahrhundert bekannten Reime erschienen in den 1880er Jahren in einer englischen pornografischen Zeitschrift namens *The pearls* – die übrigens von der hochakademischen Oxford University Press herausgegeben wurde! Kostprobe? Na dann:

A young woman got married at Chester.
Her mother she kissed and she blessed her.
Says she, »You're in luck,
He's a stunning good fuck.
For I've had him myself down in Leicester.«

Und der ist harmlos, glauben Sie mir! Na gut, einer noch:

There was a young man of Peru,
Who had nothing whatever to do;
So he took out his carrot
And buggered his parrot,
And sent the result to the Zoo.

Jetzt ist aber gut. Schließlich kann man anstößige Histörchen auch weniger direkt umschreiben. Spanier nennen sie beispielsweise »grüne Witze« (*chiste verde*), Franzosen »Witze der zwei Bälle« (*blague à deux balles*). Und Italiener wissen, dass die Priesterkutte nicht immun macht gegen schmutzige Gedanken, im Gegenteil. Und darum heißt bei ihnen eine deftige Zote auch »Scherz des Priesters« (*scherzo da prete*). Und nun ist Schluss damit! Naja, nicht ganz. Einen hab ich noch. Dem »Papst« der Schimpfkunde, Reinhold Aman, der sich besonders um seine Heimatsprache, das Bayrische verdient gemacht hat, verdanken wir die Überlieferung dieses kunstvollen bayrischen Vergleichs einer Frau mit einer Gitarre: *I bocks bain Hois und zupfs bain Loch.* Auf Deutsch: »Ich pack' sie am Hals und zupf' sie am Loch.«

Ein leckeres Stößchen oder die Fehlgeburt des Teufels

»Wie! soll ich schönes kind dich einen menschen nennen? Dich ziert des himmels schmuck; nicht falsche pralerey …« So klingt ein Hohelied auf die Schönheit einer Frau. Barockdichtung alter Schule. Im Alltag drückt man seine Wertschätzung für die weiblichen Rundungen aber doch meist anders aus. Vor allem, wenn er mit Artgenossen über sie spricht.

Spanier etwa rufen angesichts eines richtigen Klasseweibs aus: »Was für eine tolle Tante!« *(¡qué tía más buena!)* Wenn an ihr alles stimmt, ist sie – naheliegend – nicht selten sprichwörtlich zum Anbeißen. In England ist es daher absolut üblich, eine echte Sahneschnitte als »Stückchen Brötchen« (*a bit of crumpet*) oder, allgemeiner, als ansehnliches »Gericht« (*quite a dish*) zu titulieren. Und selbst als »Stück Arsch« (*a piece of ass*) steht sie auf der – sexuellen – Speisekarte. In Italien darf man das übrigens auch: »Ein schönes Stück Mädchen« (*un bel pezzo di ragazza*) ist keine Axtmörderfantasie, sondern ein ehrliches Kompliment, wenngleich nicht immer auch für *ihre* Ohren bestimmt. Auf alle Fälle unter die Gürtellinie geht die holländische Lobhudelei, eine Frau sei »ein leckeres Stößchen« (*een lekker stootje*). Wer damit landen kann, soll sich melden!

Da alles Sexuelle gern ins Animalische gezogen wird, liegen entsprechende Vergleiche stets nahe. Was so eine richtige »Füchsin« (*fox*) ist, die findet der Amerikaner auch schon mal *phat*. Das ist zwar eigentlich nur eine orthografische Fehlschöpfung von »fett« (*fat*), aber findige Sprachtüftler haben es umgetauft zum Akronym für das Rundum-zufrieden-Paket: *pretty hot and tempting* (»ziemlich heiß und verführerisch«). Spanier würden zumindest den tierischen Vergleich verstehen, denn ein heißer Feger hat bei ihnen »schöne Schnurrhaare« (*tener buenos bigotes*). Und auch Schweizer finden, eine heiße Mieze sei eine *chatz*, eine »Katze« also, oder aber eine »Stute« (*schtute*). Etwas aus dem Rahmen fallen im Streichelzoo für Möchtegernverführer die dänischen Nordlichter: Während eine süße Schnecke auf Plattdeutsch so richtig »in den Augen kitzelt« (*in de Ogen keddelt*), nennt man sie ein paar Kilometer nördlich einen echten »Hering« (*hun er en sild*). Und in Frankreich, wo eine scharfe Braut eher »heilige« oder »super Nana« (*sacrée / super nana*) heißt, sagt man über diese tatsächlich, sie sei *vachement bien foutu*, »kuhig gut gefickt«.

Wahre Betthelden gehen noch einen Schritt weiter. Sei es aus Größenwahn beim Wettkampf um die größtmögliche Zungenfertigkeit, sei es, weil sie zumindest verbal Besitz von der

Begehrten ergreifen wollen. Vielerorts in Europa haben sich nämlich auch die Spitz- und Schimpfnamen für das weibliche Geschlecht als – wenngleich vulgäres – Kompliment für die Schönheit der ganzen Frau durchgesetzt: vom polnischen *szparka* bis zum italienischen *fica*. Und auch mit *gnocca*, der weiblichen Form des Wortes für »Beule« (*gnocco*), meinen Italiener mal ihr bestes Stück mal einen heißen Feger. In Griechenland ist es sogar üblich, die Ansehnlichkeit einer Frau zu preisen, indem man sie »große Fotze« (*μουνάρα* – *munára*) nennt. In Hellas kennt man überdies das antike Sprichwort: »Ein Schamhaar (als weibliches genau genommen ein Fotzenhaar) zieht Schiffe hinter sich her.« (*μουνότρυχα καράβια σέρνει* – *munótricha karáwia sérni*). Durchaus möglich, dass es auf die Legende der schönen Helena anspielt. Die wurde ja bekanntlich vom kaum weniger schnuckeligen Paris geraubt, woraufhin ihr gehörnter Ehemann Agamemnon halb Griechenland einschiffte, ihnen nachsetzte und die Heimatstadt des frechen Jünglings, Troja, in Schutt und Asche legte. Wer braucht angesichts solcher Haare noch Poesie?

Was aber, wenn sie nicht schön, sondern, wie Holländer finden, »spuckehässlich« (*spuuglelijk*) ist? Na, auch darauf ist mann vorbereitet. Und zwar gründlich. Unansehnliche bekommen den Spott gratis, und der tritt meist als Vergleich auf. Nahezu europaweit ist man sich einig: Gott kann das nicht gewollt haben. Mit »einem Gesicht wie die Rückseite eines Busses« (*have a face like the back of a bus*) gilt man in England (*ugly as a sin*) und auch Italien (*essere brutto come il peccato*) als so unansehnlich »wie eine Sünde«, in Spanien sogar noch »hässlicher« als diese (*más feo que el pecado*). Italiener vergleichen die Unansehnlichkeit zudem mit der des Unterweltfürsten, dem »Teufel« (*essere brutto come il diavolo*). Aber selbst das wissen die Spanier noch zu toppen: Will man jemanden wegen seines Äußeren herzhaft beleidigen, sollte man ihn schlicht als »Fehlgeburt des Teufels« bezeichnen (*estar un aborto del diablo*).

Für Franzosen ist auch in Sachen Hässlichkeit ein Blick ins Tierreich angebracht. Wer morgens lieber nicht in den Spiegel schauen sollte, weil er »nicht jojo ist« (*ne pas être jojo*), ist schlicht so hässlich wie eine »Laus« oder eine »Kröte« (*laid comme un pou/crapaud*). Portugiesen machen da schon weniger Umwege: Wer wahrlich keine Augenweide ist, der ist einfach so »hässlich, dass es wehtut« (*feio de doer*).

Besonders bitter ist der Spott für die verwelkende Schönheit. *Schraumdompfa* (»Schraubendampfer«) ruft der Bayer eine bunt bemalte alternde Fregatte verächtlich. Eine Frau, die versucht, sich jünger zu machen als sie ist, nennen Engländer einen »als Lamm aufgemachten Hammel« (*mutton dressed up as lamb*). In Polen wiederum kennt man für ältere, aufgetakelte Frauen den Ausdruck »von hinten Gymnasium, von vorn Museum« (*z tyłu liceum, z przodu muzeum*). Besteht die schöne Fassade der alternden Sexbombe nur mehr aus Farbe und Leim, schimpfen Spanier, sie sehe aus wie ein »aufgedonnertes Jahrmarktspferd« (*emperejilada como jaca en feria*). Dass der falsche Schein sich nach einer Kostprobe schon mal als Reinfall entpuppen kann, lernt der angehende Don Juan schnell. In Frankreich erhält er dennoch die wertvolle Lektion mit auf den Weg: »Im Kerzenschein erscheint die Ziege als Dame.« (*A la chandelle, chèvre parait demoiselle.*)

Moße Gröpse ...

Hier geht es um das, was mann will. Weibliche Brüste sind das Erotikum ersten Ranges, Anlass für Oden, Lieder – und Leidenschaft. Das wusste schon Joachim Ringelnatz: »Selbst vor dem Podex und den Brüsten / der Frau ergriff ihn ein Gelüsten«. Solche Gelüste stehen selbstverständlich Frauen gleichermaßen zu, Freiheit für alle. Und was sie und er da alles wollen, ist – nimmt man die erfrischende Fülle der Namen für das weibliche Doppelpack – reichlich: »Rundhölzer« (*rondins*) in Frankreich, »Dosen« (*cans*) in England oder »Kugeln« (*globos*) in Spanien.

Es heißt bekanntlich, mann denke immer nur an Eines. Dass das aber nicht immer Sex ist, sieht man schon daran, welche Namen sich für das schönste Paar Rundungen am weiblichen Körper durchgesetzt haben. Ist in seinem Kopf nur Platz für Bälle, dann bekommt eben auch die Frau kurzerhand welche. So sprechen Franzosen (*globes*) und auch Portugiesen (*pomas*) wie ihre spanischen Nachbarn angesichts schöner Brüste gern von »Kugeln«. Italiener zeigen sich diesbezüglich gänzlich verspielt und haben den Namen einer ihrer Nationalsportarten zum Spitznamen für den weiblichen Busen freigegeben: Wer »Boccia« (*bocce*) spielt, muss das nicht immer mit Metallkugeln tun. Ganz wörtlich »Kurviges« präsentieren spanische *senos*, französische »Rundliche« (*rondelets*) und portugiesische *seios*, mit denen – fast poetisch – auch »Buchten«, also Meerbusen, gemeint sind. Der Autonarr sieht an einer Frau eher die »richtigen Teile«. So sind in England Brüste durchaus als »Frontlichter« (*head lights*) oder »Stoßstange« (*bumper*) bekannt und ein deutsches Paar Hupen darf an dieser Stelle natürlich nicht fehlen.

Fast schon gute Sitte ist der Vergleich mit einer Handvoll Obst. Ein Paar »Orangen« (*oranges*) oder »Liebesäpfel« (*pommes d'amour*) stehen jeder Frau gut, würde ein Franzose sagen. Spanier fühlen sich eher von »Pfirsichen« (*melocotones*), »Mangos« (*mangos*) oder »Zitronen« (*limones*) angezogen. Wenn ihre Auslage eine Nummer größer ausfällt, freuen sich die Spanier – ebenso wie die Italiener (*due belle angurie*) oder Engländer (*melons*) – über »ein schönes Paar Melonen« (*tener un buen par de melones*). So muss ein Kompliment sein! Dass Franzosen auch »Orangen auf dem Regal« (*avoir des oranges sur l'étagère*) oder »Pampelmusen« (*pamplemousses*) schon ausreichen, spricht für ein eigenes Schönheitsideal. Gänzlich aus der Reihe tanzen diesbezüglich die Holländer, die hoffen, bei einer Frau landen zu können, wenn sie ihre »ordentlichen Blumenkohlköpfe« (*behoorlijke bloemkolen*) loben. Zumindest jenseits der niederen Lande dürfte es dafür eher Maulschellen geben. Ähnlich gemüsig vergaloppieren sich die eigenbrötlerischen Schweizer, denn sie finden, »Kohl« (*chabis*) sei ein ausgezeichneter Name für diesen heiß begehrten Teil weiblicher Anatomie. Hoffen wir, dass sie nicht dank ihres mangelnden Einfallsreichtums eines Tages aussterben. Grünzeug steht brustwärts in England zwar nicht auf dem Speiseplan, der Vergleich mit Ess- oder besser Vernaschbarem ist aber ebenfalls üblich. Wenn ein Brite die *baps* – weiche Sandwichbrötchen – oder die *cupcakes* – kleine, weiche Küchlein – einer Frau rühmt, meint er damit, sollte sie nicht gerade Verkäuferin von Hot Dogs oder Backwaren sein, ziemlich sicher ihren Vorbau.

Eigentlich gibt es aber durchaus eine Lingua franca, wenn es um die weibliche Brust geht. Ein Urbild gewissermaßen. Oder besser zwei. Zum einen kennen die meisten europäischen Sprachen ein Wort, das über kurz oder lang den deutschen Titten entspricht. Laut den Brüdern Grimm, die nicht nur Märchensammler, sondern auch Sprachforscher waren, gehen die auf den Vorgang des Säugens zurück, was man der tierischen »Verwandeten«, der Zitze, deutlicher ansieht. Egal ob spanische *tetas*, griechische *wisiá* (βυζιά), russische *sis'ka* (*cи'cькa*), polnische *cycki*, schwedische *tuttar,* italienische *tette* oder bayrische *Duttn.* Für einen Holländer Grund genug, von einer Sache, die funktioniert wie geplant, zu sagen, sie »laufe wie eine Titte« (*Het loopt als een tiet.*) Gemeinsam ist ihnen, dass sie als eher vulgär gelten, eben weil sie neben der menschlichen auch die tierische Brust meinen können, die nur die wenigsten als ansehnlich empfinden. Tschechen sind lieber gleich beim Tier selbst geblieben, statt Brüsten hat eine Frau einfach »Ziegen« (*kozy*). Allemal schräg ist die plattdeutsche Brust, auch als *Klüver*, also Bugsegel, bekannt, denn sie ist als *der (!) Titt* männlich.

Auf jeden Fall sind Titten – und ihre europäischen »Schwestern« – schon reichlich lange im Dienst. In Italien, genauer in Bologna, haben sie es sogar zu einer eigenen Straße gebracht: der *Via Fregatette*, was so viel wie »Titten-Reibe-Straße« bedeutet. Italiener behaupten gern, dass die Gasse diesen Namen verdiente, weil sie so schmal gewesen sei, dass Mann und Frau (oder zwei Frauen) in ihr nicht aneinander vorbeikamen, ohne sich zu berühren. Eine schöne Geschichte, wahr ist aber wohl, dass die *Via Fregatette* im Rotlichtviertel lag und als Anlaufpunkt für Huren diente. Immerhin gab es unweit noch die *Vicolo Baciadame –* die »Damen-Küss-Gasse«. Und wohin das geführt hätte, würde die Theorie der Italiener stimmen, ist ja wohl klar … Den lustvollen Straßennamen machte dann ein gestrenger Sittenwächter den Garaus, aber die Bologneser haben immerhin dafür gesorgt, dass die Stelle, wo der Name einst an der Hauswand verewigt war, unverdeckt blieb, sodass man ihn noch immer erkennt. In Venedig sind *tette* nach wie vor zu Hause, allerdings als Brücke. An der *Ponte delle Tette* standen früher die Prostituierten – wie es der Name nahelegt, oben ohne. Sie taten dies indes weniger, um anständigen Kunden die Auslage vorzuführen, als vielmehr um nachzuweisen, dass sich unter den Frauenkleidern kein Homosexueller versteckte.

Von der Idee her ähnlich, aber ungleich freundlicher, sind italienische *mammelle*. Der fast schon liebevolle Spitzname stammt vom lateinischen Wort *mamma* ab, das so viel wie Mutterbrust bedeutet. Anderswo heißen sie dann – mütterlich – *mammaries* (England), *mamelles* (Frankreich) oder *mamas* (Spanien/Portugal). Einer anderen gemeinsamen »Sprach-Welle« verdanken wir die englische Lieblingsvokabel für die weibliche Brust: *boobs* oder *boobies*. In Italien *poppe*, in Norwegen *pupper* genannt, haben auch hier die Römer Pate gestanden: *Puppa* bezeichnet im Lateinischen eine Puppe oder ein Mädchen. Der in Frankreich gebräuchlichste Name für die Brüste einer Frau ist *nichons*. Dahinter verbirgt sich das Verb »nisten« (*nicher*), womit Zweifel über die Bedeutung weitgehend ausgeschlossen sind. Ähnliches gilt für spanische *chupas*, die vom Verb »saugen« oder »lutschen« (*chupar*) kommen.

Wenn man angesichts solcher Direktheiten in Gegenwart einer Frau nicht schon beim Komplimentieren erröten oder sich eine fangen will, könnte man ein paar der abwegigen Kunstwörter ausprobieren. In Frankreich kommt man beispielsweise mit *roploplos* oder *lolos* ans Ziel. Auch mit *roberts* oder den lautmalerischen *nénés* sind nichts anderes als Brüste gemeint. Meistens jedenfalls. Es könnte freilich auch sein, dass eine Französin ihr Baby Néné genannt hat, was gar nicht selten vorkommt, oder schlicht ihr Freund Robert heißt. Beides unglücklich. In Spanien darf man getrost die »Perlen« (*margaritas*) einer Frau bewundern, auch wenn sie gerade keinen Schmuck trägt. Engländer wiederum stehen nicht wirklich auf Süßholzgeraspel. Das Höchstmaß an Verschleierungstaktik britischer Romantiker besteht in einem halbherzig gestammelten Kompliment, sie habe so wundervolle »braune Augen« (*brown eyes*). Gut möglich, dass in London ein Mann in eine Kneipe geht, sich zu einer Schönheit an die Bar setzt und sie fragt: »You have wonderful brown eyes. Can I touch them?« Auch weit hergeholte Vergleiche wie »Spaßbeutel« (*fun bags*), »Kannen« (*jugs*) oder »Türklopfer« (*knockers*) funktionieren, und darum wird ein Engländer sogar verstanden, wenn er einer Frau sagt, sie habe stattliche *bristols*. Warum die Briten so was machen? Weil sich *Bristol Cities*, das dann zu *bristols* verkürzt wurde, so schön auf *titties* reimte. Toll gemacht. Gerechterweise muss man sagen, dass auch die bislang recht gut weggekommenen Franzosen Brüste hin und wieder mit Wortungetümen versehen, die alles andere als Schmeicheleien sind – und sicher auch nicht sein sollen. Jedenfalls würde kaum eine Frau auf die Idee kommen, ihre Brüste selbst als »Milchkartons« (*boîte au lait*) oder gar als »Tabakbeutel« (*blagues à tabac*) zu bezeichnen.

Natürlich steht in allen europäischen Sprachen zudem ein stattliches Arsenal an Ausdrücken zur Verfügung, wenn es darum geht, einer Frau zur Form, Gestalt und vor allem Größe ihrer Brüste zu gratulieren. So gibt's im Plattdeutschen das beinahe furchteinflößende Bild vom »Tittenwerk« (*Tittwark*). Über die Dimensionen besteht da kein Zweifel. Einer Französin kann man ungeniert, möglicherweise aber nicht ungestraft, sagen, sie sei »gut gerollt« (*être bien roulée*). Noch unverfänglicher lobt man den Atombusen einer Spanierin, der man zu einer »großen Auslage« (*tener mucho escaparate*) oder besser noch zu »schönen Küchengeräten« (*tener buenas espeteras*) gratuliert. Dass es durchaus poetischer geht, beweisen Polen, für die eine Frau mit reichlich Holz vor der Hütte »eine andere Luft atmet« (*odetchnąć innym powietrzem*). Und Italiener, aus dem Land von Romeo und Julia, vergleichen einen wohlproportionierten Busen mit einem »schönen Balkon« (*avere un bel balcone*).

Im Englischen hat man es wie gesagt nicht so mit der Poesie, wenn es ums Brustfleisch geht. Mit *balloons*, also »Ballons« – die es als *montgolfières*, also sogar Heißluftballons, auch in Frankreich gibt – und den lautmalerischen *bazongas* ist klar gesagt: *Size matters!* Zumindest kreativ ist die Rede von *tig ol' bitties*, ein Kind der englischen Freude an Akronymen. Wenn man die ersten Buchstaben der beiden Hauptwörter vertauscht, entpuppen sie sich nämlich als die »großen alten Titten« (*big ol' titties*). Direktheit finden ebenso die Finnen gut, die gern mal einer Frau sagen, sie habe »große Puffer« (*jollakin on isot puskurit*). Da auch uns Deutschen im Angesicht eines stattlichen Busens nichts Besseres einfällt, als von »ordentlichen Möpsen« – also reinlichen Zwergkötern – zu stammeln, gehen wir wohl allein nach Hause. Und tun so, also hätten wir das gewollt. Auch das wusste schon Ringelnatz: »Selbst vor dem Podex und den Brüsten / der Frau ergriff ihn ein Gelüsten, / was er jedoch als Mann von Stand / aus Höflichkeit meist überwand.«

Zwei wie Papa

Ein Bild mit Charakter, symbolischem: In Frankreich kennt man den scherzhaften Ausdruck »der Abt und seine zwei kleinen Diener« (*abbé et les deux petits servants*). Einer steht im Licht, während seine zwei Lakaien ihm aus dem Halbdunkel zutragen. Gemeint ist keine klerikale Hackordnung, sondern das männliche Geschlecht in vollem Umfang: Phallus und Hoden, das »dreiteilige Service« (*service trois-pièces*). Dabei sind sich fast alle in Europa einig: Obwohl die »Anhänger« (*colgantes*), wie sie in Spanien heißen, im Gespann keineswegs hervorstehen, haben sie eine tragende Rolle. Ob nun *coglione* (Italien), *colhões* (Portugal), *cojones* (Spanien), *collons* (Katalonien) oder *couilles* (Frankreich), sie alle stammen vom lateinischen *coleus* ab, das einen ledernen Beutel für Flüssigkeiten und damit eher die Hülle bezeichnet. Die darin so sicher Verpackten wiederum sieht eigentlich nie einer, von Anatomen und Medizinstudenten einmal abgesehen. Die Ironie dabei: Die vor allem im Englischen gebrauchten *testicles* gehen auf das lateinische Wort *testis* zurück, das so viel wie Zeuge bedeutet. Die kleinen »Zeugen« hätten sicher viel zu berichten. Auch wenn wir nicht wissen, wie sie wirklich aussehen, machen wir uns allerhand Vorstellungen davon, wie die »Familienjuwelen« (*family jewels*) tatsächlich beschaffen sind. Ganz weit vorn in der Hitliste rangieren »Bälle« (engl. *balls*, span. *pelotas*, ital. *palla*), gefolgt von »Kugeln« (span. *bolas*, frz. *boules*). Auch plattdeutsche *Klööt* oder holländische *kloten*, die man in Deutschland zumeist als Klöten kennt, sind als ursprünglich »Klöße« nichts anderes als Kugeln. Fast überall sind, wie in England, auch »Nüsse« (*nuts*) oder scheinbare Früchtchen, wie »Gackerbeeren« (*cackleberries*) – eine humorvolle Umschreibung für Hühnereier –, gebräuchlich. Hauptsache rund. Letztlich ist es natürlich – französisch gesprochen – egal, ob es sich nun um »Zwiebeln« (*oignons*), »Nüsse« (*noix*) oder »Oliven« (*olives*) handelt. Hauptsache, mann weiß, dass »seine zwei Schwestern« (*mes deux soeurs*) echte »Freudenbringer« (*joyeuses*) sind.

Und sie bringen noch mehr als das. Davon sprechen besonders Spanier mehr als nur ab und zu: *Cojones* sind fast schon Allgemeingut, zumindest sprachlich. Und es ist besser, man »hat sie« (*tener cojones*) – denn wie überall scheinen sie auch in Spanien das Mutreservoir zu sein. Ein Schlaffi hingegen »lässt sie zu Hause« (*dejar los cojones en casa*). Trotzdem ist nicht jeder, der sich mit seinen Eiern befasst, auch ein toller Hecht. Wenn »ein Typ sich die Eier zieht« (*al tipo le arrastran los cojones*), macht er tatsächlich keinen Finger krumm. Zum Dauerbrenner im Gespräch werden die *cojones* aber erst, weil sie eigentlich immer passen: im Guten wie im Schlechten. Ein herzhaft hingerotztes ¡*cojones!* heißt so viel wie »Mist!«, wohingegen *música de cojones*, »Musik von den Eiern« also, saumäßig gut ist. Oder, wie man auch sagen könnte: »von dreitausend Paar Eiern gut« (*buen de tres mil pares de cojones*).

Aber nicht alles an den guten Stücken ist Übertreibung: Einem Franzosen zum Beispiel reichen »zwei wie Papa« (*deux comme papa*) völlig aus. Gut wäre freilich, es wären »die genau Gleichen« (*los mismísimos*), wie es bei den Spaniern heißt, denn die gehören unbedingt zusammen.

Keks mit Backenbart

Achtung! Sie betreten verbotenes Gelände! Ein begehrtes, besungenes, verstecktes, verdecktes – und sprachlich verdrecktes. Während in den vergangenen Jahrhunderten zahllose sprachliche Tabus gebrochen wurden, darunter reihenweise religiöse, gehören die Namen für das weibliche Geschlecht bis heute zu den schmutzigsten Wörtern in etlichen europäischen Sprachen. Denn was eignet sich besser für eine üble Beleidigung oder den leidenschaftlichen Ausdruck einer (tiefen) Emotion als ein Wort, das als derart unsagbar gilt, dass sein Gebrauch strengstens sanktioniert wird? Dies geht so weit, dass es in einigen Sprachen so ziemlich alle Rollen im Schimpf- und Fluchtheater spielt. Das französische *con* zum Beispiel. Aus dem Lateinischen geborgt (*cunnus*), ist es mittlerweile für jede Dummheit zu haben. Die einstige »Möse« *con* trifft als Beschimpfung den »Vollidiot« ebenso wie die »blöde Kuh« und den »Deppen«. Und sogar als Adjektiv lebt sie weiter, denn *con comme la lune* ist man »dumm wie der Mond« und nicht wie unser Stroh. Kein Wunder also, dass »Mach nicht die Möse!« (*Fais pas le con!*) nichts anderes meint als die Aufforderung, nicht den Dummen zu spielen, und »Mösereien« (*conneries*) keine Bettgeschichten, sondern »Blödsinn« sind. Ja, ein begnadeter Blödmann könnte es sogar zum »König der Mösen« (*le roi des cons*) bringen …

Noch mehr Spaß an der weiblichen Scham haben die Spanier. Ihr *coño*, das derselben Wurzel entstammt wie das französische *con*, ist eines der wichtigsten Wörter der spanischen Umgangssprache, denn es ist fast immer das richtige, wenn es darum geht, Gefühle auszudrücken. Wie das englische *fuck* oder das deutsche

25

»verdammt« verstärkt es Ausdrücke aller Art – in jede Richtung. Ärger, Überraschung, Freude: Beim Ausruf *¡coño!* sollte man auf den Ton achten, um zu verstehen, worum es geht. *¡que coño!*, »Was für eine Möse!«, heißt es, wenn sich jemand über irgendeinen Quatsch empört. Und wer schon bei der »höchstpersönlichen Möse« (*estar hasta el mismísimo coño*) angelangt ist, hat die Schnauze endgültig voll. Das Wort wird von Spaniern derart oft gebraucht, dass sie von Südamerikanern *coños* genannt werden. Und weil *coño* immer die erste Geige spielt, findet sich der, den es nur »an die fünfte Möse« (*en el quinto coño*) verschlagen hat, am Arsch der Welt wieder. Anders als bei *con* ist die ursprüngliche Bedeutung von *coño* aber ganz und gar nicht verschüttet, was sich schon daran zeigt, dass jemand, der sprichwörtlich »von der Möse lebt« (*vivir del coño*), anschaffen geht. Dass das Wort dennoch so allgegenwärtig sein kann, dürfte nicht zuletzt daran liegen, dass man im Spanischen mit *coño* keine Person bezeichnen und somit auch nicht beschimpfen kann. Für das italienische Wörtchen *fica* (auch: *figa*) gilt zumindest Letzteres ebenso, denn es ist durchaus üblich, eine gutaussehende Frau mit den Worten *Che fica!* – »Was für eine Möse!« – zu kommentieren, wenngleich es wohl eher ein Kompliment über als *für* sie sein dürfte. Ansonsten kommen aber auch Italiener nicht auf den Gedanken, jemanden auf diese Weise zu titulieren. Dafür ist *fica* als Adjektiv durchaus geläufig: Was wir vielleicht affengeil nennen würden, finden sie demnach »mösenmäßig«. Natürlich gilt *fica* trotzdem als vulgär und ist kein Wort für eine gehobene Abendgesellschaft, wenngleich ganz bestimmt jeder dort etwas damit anfangen könnte. Und auch die Griechen haben kein Problem damit, ein Klasseweib als »große Fotze« (*μουνάρα* – *munára*) zu bezeichnen, wenn es nicht gerade vor dem Traualtar ist. Wer hingegen gehörigen Mist verzapft, muss sich ohne zu Murren sagen lassen, er habe damit ja wohl »etwas zur Fotze gemacht« (τα κάνω μουνί – *ta káno muní*).

Einen derart ideenreichen Umgang mit den Spitznamen der weiblichen Scham wie die Südländer pflegen die kühlen Nordmänner, aber auch unsere osteuropäischen Nachbarn in der Regel nicht. Ihre gebräuchlichsten Spitznamen bezeichnen meist nichts anderes als die Vulva – und wenn sie doch genommen werden, um jemanden zu beleidigen, dann zählen sie zu den schlimmsten Beschimpfungen, die die Sprache zu bieten hat. Ausnahmen sind allenfalls die Holländer, deren Ausruf *Kut!* im Sinne von »Scheiße!« häufig zu hören ist, und vor allem die Finnen. Das kleine Wörtchen *vittu* ist neben den diversen Teufelsnamen ihr Lieblingselement im Schimpfbaukasten. Und zusammen – als Fluch: »Teuflische Möse!« (*Vittu Saatana!*) – sind sie einfach unschlagbar.

Ein solches Wortspielchen dürfte vielen Briten noch immer blankes Entsetzen ins Gesicht zaubern. Für sie hört der Spaß bei *cunt* ebenso auf wie für Deutsche, wenn es um die »Fotze« geht. Das *Four-Letter-Word* mit »c« gilt bis heute als das schlimmste Schimpfwort der englischen Sprache. Nichts, was man einem anderen ins Gesicht schleudern kann, trifft härter. Dabei ist sein schlechter Ruf eine Kopfgeburt der Neuzeit, denn früher war es schlicht eine gebräuchliche Bezeichnung für die Vagina. Doch mit der Aufklärung kam es in Verruf: In dem Slanglexikon *Dictionary of The Vulgar Tongue* von 1785 traute man sich nicht einmal mehr, es vollständig abzudrucken. *C**T* sei, hieß es, »ein scheußlicher Name für ein scheußliches Ding« (*a nasty name for a nasty thing*). Von da an tauchte das Wort in keinem englischen Wörterbuch mehr auf – bis 1961! 1972 fand man *cunt* dann endlich auch wieder im ehrwürdigen *Oxford English Dictionary*, mit Verweis auf seinen einstigen alltäglichen Charakter: Schon 1230 sei *cunt* im Gebrauch gewesen, heißt es dort, und zwar nachweislich als Teil eines Straßennamens in London. Dort gab es nämlich in einem Rotlichtviertel die sogenannte *Gropecunt Lane*, die sich überaus anschaulich als »Grapsch-Mösen-Gasse« übersetzen lässt. Die jahrhundertelange Ächtung überrascht, wenn man bedenkt, dass der britische Nationaldichter William Shakespeare, ohnehin alles andere als prüde, kein *cunt*-Verächter war. Allerdings offenbaren die legendären *country matters* aus »Hamlet« – eines dieser typisch englischen Wortspiele: der Titelheld sagt *country* (»Land«) statt *cunt* (»Fotze«), aber Ophelia und das Publikum verstehen ihn natürlich trotzdem –, dass es schon im 16. Jahrhundert nicht mehr offen im Munde geführt wurde.

Auch wenn *cunt* heutzutage wie *fuck* gute Dienste leistet, will man einem Ausdruck die nötige Kraft verleihen – einen Scheißtag kann man mittlerweile »eine Fotze von Tag« (*I've had a cunt of a day!*) nennen –, ist es als Schimpfwort, für Frauen wie für Männer, eine tödliche Beleidigung. Deshalb greift man, wenn man über »ihr Ding« redet, lieber gleich zu einer der Alternativen, von denen es allein im Englischen Hunderte gibt. Vom »Biber« (*beaver*) und der »schnappenden Schildkröte« (*snappin' turtle*) über die »Box« (*box*), die »kleine Nische« (*nooky*) und den »Riss« (*crack*) bis hin zum unvermeidlichen »da unten« (*down there*) oder den »Keks mit Backenbart« (*whisker biscuit*) offenbaren diese mal Fantasien, mal Phobien.

Und bei diesem Spiel machen alle mit. Mit Vorliebe wird aus dem Mysterium zwischen den Beinen einer Frau dann ein Tier. Schweden (*mus*) und Norweger (*mus*) etwa finden dort eine »Maus«, Holländer gar eine »Ziege« (*trut*), Italiener ein

»Sperlingsweibchen« (*passera*) und Schweizer eine »Schnecke« (*schnägg*). Wenn es nicht allzu garstig klingen soll, greifen unsere Nachbarn wiederum schon mal zu einem flauschig klingenden Vergleich. Bei den Franzosen (*chatte*) und Holländern (*poes/poesje*) entpuppt sich ihr bestes Stück dann als »Katze« und »Kätzchen«, während Spanier daraus ein »Kaninchen« (*conejo*) und Portugiesen ein »Küken« (*pito*) machen, das auch Polinnen (*cipka*) ihr Eigen nennen. Lässt es sich nicht streicheln, kann man es meistens essen, wie die italienische »Kartoffel« (*patata*), das spanische »Brötchen« (*bollo*), die jiddische »Piroge« (*pirge*) oder die österreichische »Dattel« (*Dattl*). Und natürlich haben sie alle eine Schublade voller abstruser Vergleiche, die sich irgendwo zwischen Kitsch und Slapstick bewegen und gleichermaßen durchfallen. Aber wählen Sie selbst, liebe Damen: Hätten Sie lieber ein französisches »Freudenzimmer« (*salle de jeux*), eine bayrische *Bruntzkachl* – also einen Nachttopf – oder eine französische »Brieftasche mit Schnurrbart« (*portefeuille à moustaches*) im Höschen?

Karl der Kahle und das Vögelchen

Mann lässt gern raushängen, dass er ist, was er ist. Da macht auch sein bestes Stück keine Ausnahme. Zwar kann er sein »drittes Bein« (*ortabacak*), wie die Türken sagen, nicht immer zeigen. Aber die kultische Verehrung des Phallus hat – wie die der weiblichen Geschlechtsorgane – überall auf der Welt reichlich Tradition. Auch sprachlich. Allerdings darf man sich angesichts der

Vergleiche, mit denen der Hosen-Held zuweilen bedacht wird, schon fragen, ob alle über das gleiche Ding sprechen.

Nicht wenige Männer gehen so weit, *mit* ihrem Organ zu kommunizieren. Folglich mangelt es an Namen für den kleinen Mann nicht. Ja, Namen! *Peter, Willie* oder *John Thomas* sagen die Engländer. Der bekannteste von ihnen, *Dick*, ist noch kein Verweis auf angebliche Qualitäten, sondern die Kurzform von *Richard*, bei den Briten so etwas wie der Stellvertreter des gemeinen Mannes. »Karl den Kahlen« (*Charles-le-Chauve*) haben sie sich bei den Franzosen (*chauve roi Henri*) geborgt. Die wiederum finden in ihrer Hose auch schon mal einen »Chinesen« (*chinois*), einen »kleinen Bruder« (*petit frère*) oder einen »Zyklopen« (*cyclops*). Katalanen begrüßen ihre Miniausgabe mitunter als *Lluis*.

Als Sinnbild für das Tier im Mann wird der Schwanz natürlich mit Vorliebe mit – mehr oder weniger passenden – animalischen Vergleichen versehen. Gerechtfertigt oder nicht: Meist handelt es sich dann beim Piephahn um einen »Vogel«, wie im Italienischen (*ucello*), Griechischen (πουλί – *pulí*) oder Bayrischen (*Gimpel*). Katalanen finden ein »Vögelchen« (*pajarito*) angemessener und Tschechen haben sogar wahlweise einen »Vogel« (*pták*) oder eine »Feder« (*pero*) in der Hose. Bei Spaniern ist das Ding ein junges »Huhn« (*polla*), wohingegen der englische *cock* – zumindest in Großbritannien – immer auch einen »Hahn« meinen kann. Die im Herzen eher prüden Amerikaner haben diese schöne Zweideutigkeit irgendwann eliminiert, um den *cock* aus ihrem Sprachschatz verbannen zu können. Den Vogel nennen sie schon lange nur noch *rooster*.

Und wenn er nicht fliegt, dann schlängelt er eben. So bezeichnet der ursprünglich jiddische *shlong*, den man in den USA noch häufiger hört, eigentlich eine »Schlange«. Und der gleichfalls aus dem Jiddischen ins Englische eingewanderte *shmuck*, den man heute meist im Sinne von »Idiot« hört, stammt von dem altpolnischen Wort *smok* ab, das so viel wie »Drachen« oder »Grasschlange« bedeutet. Die ist übrigens auch zwischen französischen Männerbeinen zu finden, als »Viper aus dem Gestrüpp« (*vipère de broussaille*) äußerst eindrucksvoll vorgestellt. Landestypisch wird bei den Dänen daraus gleich eine »Seeschlange« (*søslange*). Eine englische »Hosenforelle« (*trouser trout*) schneidet im Vergleich dazu vielleicht nicht ganz so gut ab, aber das Bild vom artgerechten Drang, flussaufwärts zu schwimmen, macht Mut. Portugiesen nennen ein Nachwuchs-Dingelchen mitunter »Regenwurm« (*bichoa*), aber für Spanier darf es in ausgewachsener Gestalt dann schon *el bicho* sein – »das Biest«. Und das haben als »einäugiges Monster« (*one-eyed monster*) nun selbst englische Männer wieder zu bieten! Natürlich steht auch ein Stückchen vom Tier, der »Schwanz« nämlich (frz. *queue*, span. *rabo*), jedem Europäer gut. Aber damit fangen wir hier gar nicht erst an …

Mindestens ebenso beliebt als Spitznamen sind Entlehnungen aus ureigensten männlichen Professionen: Franzosen wie auch Engländer haben beispielsweise buchstäblich immer ein »Werkzeug« (frz. *outil,* engl. *tool*) dabei. Besser noch ist eine »Waffe« (*arma*), wie Spanier sagen. Ob nun eine holländische »Lanze« (*piek*), ein portugiesischer »Stock« (*pau*), eine französische »Hellebarde« (*hallebarde*) oder eine englische »Stange« (*rod*) – im (Liebes-)Duell dürften sie alle ausnahmsweise beziehungsförderlich sein.

Toppen kann das eigentlich nur noch das personifizierte Liebesversprechen, das mann so gern gibt, wenn er über seinen Zauberstab spricht. Und das tun vor allem, wen wundert es, Franzosen en masse: Wer kann schon widerstehen, wenn er seine »Freudenspfeife« (*calumet à plaisir*), den »Liebesspieß« (*dard amoureux*) oder den »galanten Besucher« (*galant visiteur*) vorstellt? Engländer sehen da mit der »Liebes-Luger« (*love Luger*) – einer amourösen Pistole? – vergleichsweise spröde aus.

Eigentlich geht aber alles, was nicht gerade kugelrund ist, als sprachlicher Stellvertreter des guten Stücks durch. Bestes Beispiel ist ein Gedicht des italienischen Poeten Giuseppe Gioachino Belli mit dem Titel »Der Vater der Heiligen« (*Er padre de li santi*) von 1832, dessen sechs Strophen eigentlich nichts anderes als eine Aufzählung phallischer Spitznamen bilden. Hier nur der Auftakt: *Er cazzo se po di' radica, ucello, / Cicio, nerbo, tortore, pennarolo, / Pezzo-de-carne, manico, cetrolo, / Asperge, cucuzzola e stennarello.* (Frei übersetzt: »Den Schwanz kann man Wurzel nennen, Vogel, Peitsche, Taube, Feder, Stück Fleisch, Griff« usw.) Und so darf letztlich quer durch Europa fast alles, was auch nur im Entferntesten phallischen Charakter hat, im Nebenberuf als Symbol für des Mannes Schniedel aufspielen. Was den Plattdeutschen die »Pfeife« (*Piepje*), ist den Polen die »Rohrflöte« (*fujarka*) und den Briten die »Hautflöte« (*skin flute*). Noch größere Töne verspricht nur ein plattdeutscher *Knepel*, ein »Glockenschwengel«. Selbst vor Essbarem macht die Flut der Spitznamen nicht Halt. In Frankreich ist mann dank einer »Karotte« (*carotte*) oder einem »Porree« (*poireau*) ganz vorn mit dabei, im Englischen ist das »Wiener Würstchen« (*wiener*) irgendwie verpönt, hält sich aber trotzdem. Spaniern erscheint die »Rübe« (*nabo*) die Pflanze der Wahl, eine »choriza« (*choriza*), die berühmte Schweinswurst, geht aber auch. Selbst unter *churro* kann man mehr verstehen als nur das frittierte Spritzgebäck, das damit eigentlich gemeint ist. Auch ein russischer »Meerrettich« (*хрен* – *khren*) ist nicht nur Feldpflanze, und dass Italiener hin und wieder eine »Saubohne« (*fava*) oder eine »Erbse« (*pisello*) in der Hose haben, ist ganz bestimmt kein schlechtes Omen. Pflanzen gedeihen unter der mediterranen Sonne ja bekanntlich prächtig.

Natürlich gibt es in allen europäischen Sprachen auch Wörter, die letztlich nichts anderes bezeichnen als jenen »Griff an den Eiern« (*manche à couilles*), wie man in Frankreich sagt. Ein spanischer *picha* oder ein griechischer *pútsos* (πούτσος), ein schwedischer *kuk* oder ein holländischer *lul*, ein finnischer *mulkku* oder ein polnischer *fiut*. Sie alle haben vor allem eine Aufgabe: das Kind beim Namen zu nennen, ohne Verwechslungen zuzulassen. Und dennoch gibt es Stars unter den Schwänzen, die es zu beachtlicher Berühmtheit jenseits der Hose gebracht haben. Der italienische *cazzo* zum Beispiel. Woher das Wort kommt, ist nicht restlos zu klären, wahrscheinlich aber von der weiblichen Form *cazza*, die so viel wie »Kochlöffel« bedeutete. Seit 1310 kennt man *cazzo* schon als den kleinen Chef – und mittlerweile ist er in der italienischen Sprache nahezu allgegenwärtig. Wer auf italienischen Straßen geht, dürfte keine zwei Minuten warten müssen, ehe er ihm begegnet. Kostprobe gefällig? *Che cazzo?!* – »Was für ein Schwanz?!«, entfährt es einem Römer, nennen wir ihn Antonio, bei einem gehörigen Mist. Vielleicht hat sein Nachbar, der ein echter »Schwanzkopf« (*testa di cazzo*), ein Idiot, ist, eine einzigartige »Schwanzheit« (*cazzata*), gewaltigen »Schwachsinn«, verzapft. Schon so manches Mal hat dieser Depp unserem Antonio »auf den Schwanz gekackt« (*cacare il cazzo*), ihm ernste Probleme bereitet. Mittlerweile »bricht er« ihm aber nur noch »den Schwanz« (*rompere il cazzo*) und geht ihm damit furchtbar auf die Nerven. Sich »einzuschwanzen« (*incazzarsi*), also an die Decke zu gehen, hat Antonio sich längst abgewöhnt. Was dieser »große Schwanz« (*cazzone*), der Schwachkopf, tut, ist ihm inzwischen »keinen Schwanz mehr wichtig« (*non me ne importa un cazzo*) und geht ihm am Allerwertesten vorbei.

Dass des Mannes »Stachel« (*prick*), wie er in England heißt, besonderes Lob erfährt, wenn er etwas größer ist als der Durchschnitt, versteht sich (fast) von selbst. Wer »wie ein Esel behängt« ist (*be hung like a mule*), darf das als Anerkennung verstehen. Aber das ist ein Feld, dessen Länge hier nicht mehr vermessen werden soll. Und überhaupt: Ob man »groß« oder »klein geschaffen« (*groot / klein geschapen zijn*) ist, wie die Holländer so blumig sagen, findet mann – und hoffentlich auch frau – in Frankreich gar nicht so wichtig. Deshalb heißt es dort auch: »Lieber einen kleinen Mutigen als einen faulen Großen.« (*Mieux vaut une petite courageuse qu'une grande paresseuse.*)

Die Katze in der Hängematte

Will eine Spanierin einen frechen Don Juan loswerden, schafft sie das wahrscheinlich am schnellsten, indem sie die »rote Fahne« (*bandera roja*) hisst. Kein Zeichen des Krieges, sondern einer der zahllosen farbenfrohen Namen für die Menstruation, die »Monatlichen« (*ме'сячные – misjatchnyje*), wie sie in Russland heißt. Weil die bei Frauen im gebärfähigen Alter – sollten sie nicht gerade schwanger sein – nahezu regelmäßig kommt, wird reichlich (und ebenso regelmäßig) darüber gesprochen. Da man jedoch eigentlich nicht darüber spricht, redet man meistens drumherum. Vor allem über das Blut, das frau in dieser knappen Woche verliert. Denn die durchschnittlichen 65 Milliliter kommen als

Paket, mit Schmerzen, Launen – LAUNEN, sage ich! – und Blut – und deshalb ist das Bild der Periode in der Regel rot. Engländerinnen beispielsweise »reiten die rote Flut« (*ride the crimson tide*) oder »sind auf dem Klecks« (*be on the blob*). Eine Französin, die ihre Tage – beinahe liebevoll – entweder »Klatschmohn« (*coquelicots*) oder »rote Blumen« (*fleurs rouges*) nennt, würde eher »Tomaten zerquetschen« (*écraser des tomates*) oder »ihrem Wasserträger die Fresse polieren« (*casser la gueule à son porteur d'eau*). Da die Monatsblutung wie der Mond kommt und geht, wird sie zudem oft mit einem Gast verglichen. Holländerinnen »haben die Tante unterzubringen« (*zij heeft tante te logeren*), bei Belgierinnen »ist Marie zu Besuch« (*Marie is op bezoek*), und Französinnen »sehen Sophie« (*voir Sophie*) – wenngleich sie sie nicht immer begrüßen. Im Englischen wird gewitzelt, »Tante Flo« (*aunt flo*) sei auf einen Sprung vorbeigekommen. Die in Deutschland als Tante Rosa Bekannte ist eine Ableitung vom englischen Verb *flow*, »fließen«, und selbsterklärend. Italienerinnen haben zur Regel einen Gast höheren Standes, denn bei ihnen schaut »der Marquis« (*avere il marchese*) vorbei. Und Portugiesinnen haben die Wahl: Entweder sind sie »mit Chico« (*estar de Chico*) oder aber »Benfica«, die Fußballmannschaft aus Portugals Hauptstadt, »spielt zu Hause« (*Benfica joga em casa*). Klar, dass beides manchmal zusammenkommt – blutroter Besuch also. In Griechenland kann man etwa hören, »die Russen sind gekommen« (*ήρθαν οι Ρώσσοι* – *írthan i róssi*). Dass dieser Vergleich mittlerweile historisch überholt ist, stört bislang niemanden, denn auch Däninnen haben monatlich »Kommunisten im Lusthaus« (*komunister i lysthuset*). Etwas kreativer ist man da in der Schweiz, wo eine Frau »den Schnitter« (*dä schniider haa*), oder in England, wo sie »die Maler da hat« (*have the painters in*). Den größtmöglichen Tiefgang – mit Seitenhieb – gibt es fraglos in Frankreich, wo es die Wendung gibt, »die Engländer sind gelandet« (*les anglais ont débarquer*). Die englisch-französische Völkerfreundschaft, vom Hundertjährigen Krieg bis Waterloo, lässt grüßen.

Jahrhundertelang galten Frauen während ihrer Regel als unrein, durften an heiligen Riten nicht teilnehmen. Dem Volksglauben zufolge griff dieses Übel um sich: Was eine Menstruierende berührte, verdarb – Bier kippte um, Milch wurde sauer, Metall rostete, Spiegel wurden blind. Gleichzeitig diente die Monatsblutung aber der »Reinigung«, im Spanischen heißt sie sogar so (*purgación*). Der griechische Philosoph Aristoteles glaubte, Frauen würden auf diesem Weg einen Überschuss an Blut ausscheiden. Männer taten das seiner Meinung nach übrigens durch den Samenerguss. Jedenfalls wundert es nicht, wenn die Periode auch als Zeit der, sagen wir mal, angepassten Kleidung gilt. Engländerinnen beispielsweise »sind auf Lumpen« (*be on the rags*), Griechinnen sagen da etwas blumiger: »Ich habe meine Kleider« (έχω τα ρούχα μου – *écho ta rúcha mu*). Und natürlich bieten auch die hygienischen Hilfsmittel Anlass für einen humorvollen Vergleich: Wer wollte nicht schon mal, wie Engländerinnen, »auf dem Baumwoll-Pony reiten« (*ride the cotton pony*) oder, wie Holländerinnen, »die Katze in der Hängematte haben« (*poes in de hangmat hebben*)?

War es früher das unreine weibliche Blut, das Männern das ihre in den Adern gefrieren ließ, sind es in aufgeklärter Gegenwart eher besagte Launen. So nennen Spanier die Regel auch mal »den Anfall« (*el achaque*). Und eine Französin hat während ihrer »kleinen Angelegenheiten« (*petites affaires*) »ihre Bären« (*avoir ses ours*) – gut vorstellbar, was einem Unglücklichen droht, der zum falschen Moment am falschen Ort erscheint.

Den sauren Hering entfetten

Irgendein Depp hat einmal behauptet, es sei die schönste Neben-sache der Welt. Und seitdem suchen alle das ganz Besondere, das noch Bessere, anstatt zu genießen, was ihnen gegeben wurde. Nein, gemeint ist nicht der Fußball. Noch so ein Neunmalkluger, der das von sich gegeben hat. (Kicken ist nämlich für die einen unangefochtene Nummer eins und bei den anderen erst gar nicht auf der Liste.) Es geht um ein Spiel, das überall anders heißt: In Frankreich geht man »sich die Blätter andersrum besehen« (*voire les feuilles à l'envers*), in Holland »gibt man eine Inspektion« (*een beurt geven*) und in England »rollt man im Heu« (*roll in the hay*). Die Rede ist von Sex. Ob nun einen »Mittäglichen« (*nooner*), das fixe britische Schäferstündchen in der Lunch-Pause, oder eine ausgedehnte französische »Runde mit den Beinen in der Luft« (*partie de jambes en l'air*) ist eigentlich egal. Das »Biest mit zwei Rücken« (*la bête à deux dos*), wie man ein Paar »bei der Sache« in Frankreich nennt, ist überall zu Hause und hat, so viel kapiert inzwischen jeder, nicht immer zwei verschiedene Geschlechter.

Auf jeden Fall ist man sich in Europa einig: Etwas, das sich auf so viele Arten und Weisen tun lässt, kann man nicht mit nur einem Wort beschreiben. Vielleicht dienen all die metaphori-schen Umwege auch nur dazu, das eine oder andere Tabu zu um-gehen und selbst dann über Sex zu reden, wenn man es eigent-lich nicht darf. Warum sonst sollte ein Bayer »geigen« (*gaing*), ein Franzose »eine Patrone machen« (*mettre une cartouche*) oder ein Pole »pfeffern« (*pieprzyć*)?

Befreiung der Geschlechter hin oder her: Egal wo man hin-kommt, überall findet man jene Ausdrücke, die nur einem

Männerhirn entsprungen sein können. Ob ein Portugiese »die Gans eintaucht« (*afogar o ganso*), ein Spanier sein »Spritzgebäck befeuchtet« (*mojar el churro*) oder ein Brite »seinen Docht eintunkt« (*dip one's wick*). Das Objekt des Begehrens ist dabei offensichtlich weniger der *Partner in Crime* als das männliche Denk- und Handlungszentrum. Wenn dem so ist, dann »denken« Franzosen besonders gern, denn sie können wahlweise »den Vogel in den Käfig stecken« (*mettre l'oiseau en cage*), »den Keks tunken« (*tremper le biscuit*) oder den »sauren Hering entfetten« (*dégraisser son hareng saur*).

Und wenn mann gerade so schön bei sich ist, vollbringt er beim Sex landauf landab gleich noch reichlich Mannes Werk: Ein Bayer kann »stangeln« (*stangln*), ein Österreicher »einen Fahrer machen« (*an Foahra mochn*), ein deutsches Nordlicht »abdichten« (*afdichten/verporren*), auch »stoßen« (*nööken*) geht immer. Holländer dagegen scheinen das Schlafzimmer mit der Werkstatt zu verwechseln, denn – hier wie dort – können sie kraftvoll, »hämmern« (*bonzen*) oder auch »pfählen« (*palen*). Engländer kennen das, denn bei ihrem Akt wird immer feste »geschraubt« (*screw*). Und selbst ein Franzose kann die Handwerker-Metaphorik nicht lassen: Verspricht der Abend die Chance, sich »die Eier zu leeren« (*vider les couilles*), packt er alles zusammen, was mann braucht, um »den Schornstein zu fegen« (*ramoner*). Viel wird es nicht sein. Seitdem in den 1920er Jahren ein amerikanischer Schlager mit dem Titel *Ramona* erfolgreich – und sehr zur Freude der Franzosen – über den Teich schwappte, kann er sogar »Ramona singen« (*chanter Ramona*).

Freilich geht es, wenn ein Testosteron-Hengst von seiner letzten Nacht erzählt, schon mal martialisch zu: Hat ein Spanier eine »gestochen« (*pinchar*), konnte er »einen Stock werfen«

(*echar un palo*). Bei den Dänen (*knalde*) darf es wie im Englischen (*bang*) ruhig mal »knallen« und ein »umwerfender« (*culbuter*) Franzose hat beinahe wörtlich jemanden »flachgelegt«.

Auf der anderen Seite klingen einige der Wortschöpfungen, mit denen man den Liebesakt bezeichnen kann, verdächtig nach klassisch weiblicher Hausarbeit. Wie wäre es mit dem plattdeutschen »bürsten« (*börsten*) oder dem niederländischen »nähen« (*naaien*)? In Italien kann man sogar im Bett »fegen« (*scopare*), weshalb man dort jungen Damen den hintersinnigen Spruch mit auf den Weg gibt: »Wenn eine Frau gut fegt, findet sie einen anständigen Ehemann.« (*Chi scopa bene, trova buon marito.*)

Manches zwielichtige Liebestun wiederum klingt zwar nach Frauenarbeit, dürfte aber – eingedenk der zum Einsatz kommenden Werkzeuge – ganz klar auf den Mann gemünzt sein: Im Jiddischen (*ayngefedemet*) und auch im Französischen (*enfiler*) wird beispielsweise mit Vorliebe »eingefädelt«. Warum Bayern beim Sex »pudern« (*pudan*), versteht man spätestens, wenn man sich das spanische Äquivalent – »ein Pulver werfen« (*echar un polvo*) – bildlich vorzustellen versucht. Und auch der weitverbreitete Trend jemanden zu »stopfen« (bayr. *stopfa,* engl. *stuff,* frz. *fourrer*) hat eher wenig mit Socken zu tun.

Längst aber ist Sex für wirkliche Jünger zum Sport geworden – und so reden sie dann auch: Wer denn will, kann »springen« (frz.: *sauter,* griech. πηδώ – *pidó*), »eilen« (poln. *dymać*), »mit jemandem klettern« (port. *trepar com alguém*) oder sogar »wippen« (niederl. *wippen*). Vielleicht wird es ja als Mehrkampf irgendwann olympisch.

In einigen Sprachen redet man hingegen (noch) mit Ausdrücken über den Austausch von Körperflüssigkeiten, die an eine Zeit erinnern, in der anständige Leute erst den Trauschein unterschrieben, bevor sie miteinander in die Kiste sprangen. So bedeutet das finnische Verb *naida* nämlich gleichermaßen »ficken« wie »heiraten«. Wer sich bei einem rein sexuellen Antrag etwas unmissverständlicher ausdrücken will, sollte lieber auf *nussia* umsteigen. Das heißt zwar zugleich noch »stehlen«, hat dafür aber nur selten Folgen, an denen man ein Leben lang zu knabbern hat. Auch hinter dem griechischen Wort fürs geschlechtliche Treiben, *gamó (γαμώ)*, steckt das aus dem Altgriechischen stammende *gámos (γάμος)*, was »Hochzeit« bedeutet. Und das Französische, das als Sprache der Liebe so viele »eigene« Wendungen für sexuelle Leibesübungen kennt, hat sich mit *niquer* ausgerechnet eine weitere zugelegt, die vom Ursprung her mit dem arabischen Wort für Heirat, *nikah*, verwandt ist. Aber auf derlei Uneindeutigkeiten stehen sie ja, die Franzosen. Wie sonst ließe sich erklären, dass *baiser* – eines ihrer liebsten Wörter für die »Liebe« – gleichermaßen »küssen« und »bumsen« bedeutet?

Trotz aller Fantasie tut es gut, und auch da sind sich die Europäer einig, wenn es mindestens ein Wörtchen gibt, das unmissverständlich klar macht: Hier wird gefickt! *Fottere* im Italienischen, *joder* im Spanischen, *foutre* im Französischen. Und weil sie nun schon einmal da sind, werden sie im täglichen Sprachgebrauch üppig gestreut. Und zwar am liebsten dann, wenn ein »Kraftausdruck« vonnöten ist: wenn etwas schiefläuft, es gilt, jemanden zu beschimpfen oder zu verarschen, aber auch nur zur Verstärkung des Gesagten. Ob das so ist, weil das Sexuelle noch immer eines der größten Tabus darstellt und seine Sprache damit den größtmöglichen Tabubruch ermöglicht, den man nunmal fürs Fluchen braucht, ist schwer zu sagen. Wäre dem so, müssten wir uns selbst leidtun, denn der Deutschen liebstes Fluchwort ist die »Scheiße«. Und was mag das bedeuten?

Wie auch immer. Unsere Nachbarn sind diesbezüglich äußerst einfallsreich. So kann das spanische *joder*, das als Ausruf (*¡joder!*) eben weitgehend unserem »Scheiße!« entspricht und im Alltag reichlich zu hören ist, auch bedeuten, dass man klaut, jemanden belästigt oder eine Sache vermasselt. Und was auch immer »gefickt« (*jodido*) ist, ist »im Arsch«. (Hier zeigt sich: Auch wir bleiben unserem Sprachbild treu.) »Fickt« ein Spanier hingegen »sich selbst« (*joderse*), fügt er sich in Unvermeidbares, während ein Franzose sich auf gleiche Weise (*se foutre de quelqu'un*) über jemanden lustig macht. Wenn er hingegen »nichts fickt« (*ne rien foutre*), ist er schlicht stinkfaul und *jean-foutre*, den man sinngemäß am besten mit »Hinz Fick« übersetzen würde – Jean entspricht als »jedermann« dem deutschen Duo »Hinz und Kunz« –, ist folgerichtig ein »Taugenichts«. Ehrlicherweise muss man sagen, dass die Franzosen *foutre* inzwischen in seiner ursprünglichen Bedeutung – es kommt wie das italienische *fottere* vom lateinischen *futuere* (»beschlafen«) – eigentlich kaum noch benutzen. Aber im kräftigen *Va te faire foutre!* (»Geh dich ficken!«), der Mutter aller Verwünschungen, bei der Deutsche gern vorschlagen, jemand möge sie »am Arsch lecken«, gibt es sich noch deutlich zu erkennen. Italiener verwenden ihr *fottere* zwar nicht derart weitläufig, aber immerhin meint es auch, jemanden zu linken. Und der italienische Kniff, einem Wort durch die Voranstellung eines »s« eine gänzlich andere Bedeutung zu geben, hat ermöglicht, dass man mit *sfottere* jemanden auf den Arm nehmen kann.

Keines dieser Wörter kann es aber – in seiner Vielseitigkeit, Häufigkeit und vor allem Bekanntheit – mit dem englischen *fuck* aufnehmen. Zugegeben: *Okay* mag das weltweit bekannteste Wort sein, aber *fuck* ist mit Sicherheit eines der meistgebrauchten Schimpfwörter der Welt. Für seinen Einsatz gibt es praktisch keine Grenzen. Wer »gefickt wird oder ist« (*get/be fucked*), bekommt nicht immer den Sex, den er vielleicht wollte, denn er ist möglicherweise »hereingelegt« worden. »Mit« wem man »fickt« (*fuck with someone*), mit dem legt man sich an, und *to fuck up* meint, eine Sache zu versauen. Ein Idiot ist ein *fuck*, und wenn man auf etwas »keinen Fick gibt« (*do not give a fuck*), ist es einem scheißegal. Und natürlich kann *fuck* so ziemlich alles ein bisschen besser – *fucking cool* (»verdammt toll«) – oder schlechter – *fucking cold* (»verflucht kalt«) – machen als es ohnehin schon ist. Zusammengenommen kommt wer will, auch schon mal mit dem Wörtchen allein aus. Wenn ein Brite bei einer Panne aussteigt und den platten Reifen sieht, kann es sein, dass er ruft: »*Fuck! The fucking fucker's fucked!*«, wo ein Deutscher mit den Worten zu vernehmen wäre: »Verdammt! Das verfluchte Scheißteil ist im Arsch!« Nichts ist unmöglich, wenn man *fuck* hat. Ach ja: Und »ficken« bedeutet es auch noch.

Das Röschen los

Normalerweise finden wir es ja gut, wenn einer weiß, was er tut. Erfahrung gilt als Trumpf, der immer sticht. Beim Sex aber gibt es mindestens eine Ausnahme: die Jungfrau. Es ist ein Überbleibsel des religiösen Monogamie-Gebots, dass eine Frau Geschlechtsverkehr erst und nur mit dem Mann haben sollte, mit dem sie sich vor Gott verband – den sie also heiratete. Bis dahin musste die Unschuld unbedingt gewahrt bleiben. Denn sie war ein handfester Wert, wenn es darum ging, einen Ehemann zu finden. Kein Wunder also, dass Franzosen zur Entjungferung einer Frau sagen, sie »breche ihr Kapital an« (*entamer son capital*).

In den meisten europäischen Sprachen wird die Unschuld als »Blume« betrachtet. Wer sie verliert, wird folgerichtig beinahe überall wie in Italien »entblumt« (*deflorare*). Holländer finden, man könne das noch genauer ausdrücken. Bei ihnen ist die endgültig zur Frau Gewordene »ihr Röschen los« (*zij is haar roosje kwijt*). Engländer wechseln da lieber zum Obst und sagen, ihr sei »die Kirsche geplatzt« (*pop the cherry*). Das wiederum geht sicher nicht ohne rotes Laken ab, was an archaisch anmutende Traditionen erinnert, die gleichwohl noch nicht überall ausgestorben sind. In vielen Kulturen galt ein blutbeflecktes Bettzeug nach vollzogener Hochzeitsnacht als Beweis der – jüngst verlorenen – Unschuld der Braut. Ganz und gar unkeusch klingt im Vergleich dazu der portugiesische Ausdruck »die drei verlieren« (*perder os três*). Es heißt, die Wendung beziehe sich nicht, wie man denken könnte, auf göttliches Dreierlei, sondern auf die sexuell relevanten Körperöffnungen.

Klar ist indes, wer seine Tugend noch zu verlieren hat, zählt eher nicht zu den Garanten aufregender sexueller Erlebnisse. In diese Richtung weist wohl auch der französische Ausdruck »den Wolf (furzen) sehen« (*voir (péter) le loup*), denn das geschafft zu haben, bedeutet, seine Unschuld los zu sein. Wahrscheinlich geht er darauf zurück, dass einst nur die Erfahrenen – die Jäger – sich einem Wolf näherten und es schafften, ihn zu Gesicht zu bekommen. Wer ihn dann auch noch furzen sah, war ganz gewiss nicht mehr grün hinter den Ohren. Kein Wunder übrigens, dass ein französischer Weiberheld – wie im Deutschen – ein »Jäger« ist, und zwar einer, der »Unterröcke« erlegt (*coureur de jupons*). Warum man jedoch auch seine Unschuld verliert, wenn man

»den Mond« oder »den Kometen« sieht (*voir le lune/la comète*), bleibt weiterhin ein Mysterium.

Während Jungfrauen in vielen Kulturen begehrt waren und sind – so warten im muslimischen Paradies auf den Einkehrenden neben zwei angeheirateten noch 70 unberührte Frauen –, war es vielerorts lange Zeit eher kein Kompliment, am Tag der Hochzeit noch »Jüngling« zu sein. Vielmehr schickte man junge Männer beizeiten los, ihre Hörner abzustoßen, oder, wie es in England heißt, »ihren wilden Hafer zu säen« (*sow one's wild oats*). Seit Jahrhunderten schon gilt die Metapher vom ungehegten Trieb vor allem Heranwachsender als Sinnbild einer Phase, in der mann eben seine Erfahrungen machen muss. Mittlerweile hat es der Saat-Hafer unter seinem botanischen Namen Avena sativa sogar zum Aphrodisiakum geschafft. Medizinisch geprüft. Italiener empfehlen an gleicher Stelle lieber, »sich die Knochen zu machen« (*farsi le ossa*), den deutschen Hörnern nicht ganz unähnlich. Wer aber mal etwas ganz anderes probieren will, sollte sich nach Frankreich begeben, wo Männer in den Flegeljahren etwas tun, was man am besten mit »seinen Eiter werfen« (*jeter sa gourme*) übersetzen könnte. Jenes *gourme* stammt nämlich aus dem Fränkischen des 15. Jahrhunderts. Damit bezeichnete man den eitrigen Auswurf, den junge Pferde während einer Krankheit produzierten, die sie alle ausnahmslos irgendwann bekamen. Als typische »Kinderkrankheit« auf dem Weg zum Erwachsenwerden ist sie heute dem Spieltrieb junger Männer vorbehalten.

Ein Scherz im Pudding Club

Egal ob's Liebe war oder nur ein »Stoß« (*poke*), eine kleine Nummer zwischendurch also, manchmal passiert's: Es wächst was nach. Die einen freuen sich, die anderen nicht; jene haben den richtigen Zeitpunkt jahrelang hinausgeschoben und diese hatten schlicht keine Ahnung, wie man einen »englischen Regenschirm« (*capote anglais*) – wie ein Kondom bei Parisern heißt – benutzt. Glückwunsch! Pech gehabt! Willkommen im »Pudding Club« (*be in the pudding club*), wie die Briten sagen. Allerdings ist der Verein ein wenig elitär: Zutritt haben nur Frauen mit »Brötchen im Ofen« (*have a bun in the oven*). Und zwar vor allem im Norden Europas. Schweden (*ha bulle i ugnen*), Norweger (*ha en bolle i ovnen*) und Dänen (*have en bolle i ovnen*), aber auch Holländer (*een broodje in de oven hebben*) backen sich ihren Nachwuchs. Bei den Franzosen darf es, etwas landeskundlicher, ein »Brioche« sein (*avoir une brioche au four*). Der deutsche Braten in der Röhre gibt schon deutlicher die Dimensionen des Anstehenden wieder. Und doch gilt die Wendung als etwas vulgär und ist häufig dann zu hören, wenn der Nachwuchs unangekündigt kommt. Im Plattdeutschen ist man vorsichtiger und züchtiger, denn genau genommen weiß man ja gar nicht, was »sie« dort »unter der Schürze hat« (*wat ünner de Schört hebben*). Unanständig können aber auch andere. Italiener etwa nennen eine Schwangere gern mal »vom Schwanz verarscht« (*sono scherzi di cazzo*).

Dass sich etwas ändert, wenn ein Kind unterwegs ist, steht außer Frage. Kein Grund also, nicht darüber zu reden. Wie weit das dann geht, ist Geschmackssache. Briten finden, für Schwangere gehe es aufwärts, reihenweise: Sie sind »aufgeklopft« (*be knocked up*) oder »den Strahl« oder »den Stoß hoch« (*be up the spout/poke*). Hoch eben. Und die Form wird runder, klar. Portugiesen sind der Meinung, eine Schwangere »werde zur Trommel« (*andar de bombo*) oder aber »zum Ballon« (*andar de balão*). Ein Bild, dem man sich in Frankreich ohne Weiteres anschließt (*être en cloque/avoir le ballon*) . Wichtiger ist da nur noch die »Gesamtsituation«, die Umstände. Und die sind landauf, landab eher blumig. So befindet sich frau – in anderen Umständen – in Griechenland »in einer Interessanten« (*είμαι σε ενδιαφέρουσα – íme se endiaférusa*), die zwar nicht näher bestimmt, aber ganz sicher recht bald sichtbar wird. In Spanien erlebt sie ein »interessantes Stadium« (*estar en estado interesante*), und zwar eines, in dem man »Launen hat« (*tener antojos*). Russen (*быть в интере'сном положе'нии – byt' w intiresnam palazhenii*) und Franzosen (*être dans une situation intéressante*) würden die Schwangerschaft eher als »interessante Situation« interpretieren. Und Polen können ihre katholischen Wurzeln nicht verbergen, denn sie sprechen von »rechtgläubigen Umständen« (*być w błogosławionym stanie*).

Ein ganz anderer Glaube steckt noch in der finnischen Wendung, eine frischgebackene Mutter habe »den Reiher zu Besuch« gehabt (*jonkun luona on vieraillut haikara*). In Deutschland bringt der Storch die Neuankömmlinge – eine Legende, die im 19. Jahrhundert gern kleinen Kindern erzählt wurde. Da man von Sexualität im bürgerlichen Zeitalter lieber nicht sprach, war es leichter zu erklären, die kugelrunde Mama wälze sich im Bett, weil der Storch sie ins Bein gebissen habe. Und was liegt da näher, ihm auch gleich noch das Kind in die Schuhe zu schieben, das sie am nächsten Morgen im Arm hält? Nicht das einzige Tier übrigens, dem menschlicher Nachwuchs kein Glück bringt. In England heißt es von einer Schwangeren, sie habe »den Hasen getötet« (*she killed the rabbit/the rabbit is dead*). Und das ist kein Märchen. 1927 erstmals ausgeführt, war der »rabbit test« eine der ersten Möglichkeiten, eine Schwangerschaft nachzuweisen. Dabei wurde anfangs (weiblichen) Mäusen, später Hasen, der Urin von Frauen gespritzt, von denen man annahm, sie erwarteten ein Kind. Enthielt der Urin ein bestimmtes Hormon, das nur von Schwangeren produziert wird, reagierten darauf die Eierstöcke der Tiere, was sich in einem Test nachweisen ließ. Dass die Tiere ihr Leben nur dann ließen, wenn die Frauen tatsächlich schwanger waren, war indes ein – trauriger – Irrtum. Sie starben immer, denn die Untersuchung der Eierstöcke erforderte eine Obduktion. Der Redewendung hat das nicht geschadet.

Ein Franzose sagt über eine werdende Mutter übrigens am liebsten, sie habe einen »Hampelmann im Schubfach« (*avoir une polichinelle dans le tiroir*). Das ist zwar kein himmlisches Kompliment, aber auch keine pränatale Baby-Beleidigung. Das französische Wort für den Hampelmann kommt vom italienischen *pulcinella*, einer Verniedlichung von *pulcino*, das so viel wie »Küken« bedeutet. Und ein »Kükchen im Schubfach«, das nimmt einem doch keiner übel, oder? *Pulcinella* machte übrigens als Figur im italienischen Volkstheater, der Comedia dell'arte, Karriere: Dort ist er ein listiger, aber auch derber Diener bäurischer Herkunft. Seine Gestalt hatte oft einen Buckel und eine lange Vogelnase. Ein Schelm, wer das in dem süßen Küken schon sehen wollte …

Wenn das Mädchen zum Leuchtkäfer wird

Walk the street: Ein paar Schritte »auf der Straße zu gehen«, ist gänzlich unverfänglich, auch in England. Aber der Grat ist schmal, auf dem – Mann und Frau – da wandeln. Denn schnell ist man ein »Straßenläufer« (*be a streetwalker*) und geht dort beruflich auf und ab. Mir nichts, dir nichts »ist man im Spiel« (*be on the game*) und als Hakler oder Haklerin (*hooker*) wörtlich dabei, sich Kunden an den Haken zu holen. Warum man das in England tut, indem man »seinen Arsch mit dem Fahrrad fährt« (*pedal one's ass*)? Nun, vielleicht, weil das Hinterteil dabei so vollendet zur Geltung kommt.

Es sei bemerkt: Freilich ist es für Zeitgenossen des 21. Jahrhunderts selbstverständlich, dass sich zu prostituieren eine Option für *sie* und *ihn* darstellt. Gleichwohl sind die Frauen im Gewerbe in der Überzahl und dürften es schon immer gewesen sein. Ein Umstand, der sich auch sprachlich niedergeschlagen hat. Nicht umsonst ist die meistgebrauchte italienische Bezeichnung für eine Hure das Wort *puttana*, das sich aus dem lateinischen Wort für Mädchen (*puta*) entwickelt hat. Und in Spanien lässt sich anschaffen mit »von der Möse leben« übersetzen (*vivir del coño*). Noch Fragen?

Obwohl sie im angeblich »ältesten Gewerbe der Welt« arbeiten, gehören in vielen Sprachen die Äquivalente für »Hure« oder »Nutte« zum Schlimmsten, womit man eine Frau beschimpfen kann. Das englische *whore* (finn. *huora*, niederl. *hoer*) macht da keine Ausnahme. Dabei stammt es wie das deutsche »Hure« von einer indoeuropäischen Wurzel ab, die so viel wie »Leidenschaft« bedeutet. Eigentlich ja alles andere als abschätzig, oder? Doch die

Geschichte hat es nicht gut gemeint mit denen, die »Geschäfte mit ihrem Arsch machen« (*faire commerce de son cul*), wie ein Franzose sagen würde. Fast überall sind sie – sprachlich – auf der Straße unterwegs. Eine Französin (*faire le trottoir*) wie eine Griechin (*κάνω πεζοδρόμιο – káno pesodrómio*) »macht den Fußweg«, eine Spanierin gleich die ganze »Straße« (*hacer la carrera*) – und »wirbelt die Tasche herum« (*revolear la carterita*). Eine Italienerin »schlägt den Bürgersteig« (*battere il marciapiede*), während eine Polin »auf die Straße geht« (*iść na ulicę*) und eine Russin »auf das Paneel« (*пойти' на пане'ль – pojti na panel'*). Kein Wunder also, dass eine Prostituierte in Italien auch *peripatetica* heißt, was so viel bedeutet wie »die auf und ab Wandelnde«. Eigentlich sogar ganz nett. Auch mit dem »Leuchtkäfer« (*lucciola*), der »Spaziergängerin« (*passeggiatrice*) oder der »Liebesverkäuferin« (*venditrice d'amore*) hat das Italienische ein paar Spitznamen für die »Horizontalen« parat, die besser klingen als ihr Ruf. Aber man sollte sich nicht täuschen lassen: Die Verunglimpfungen sind in der Überzahl: Von der »Sau« (*troia*) bis zur »Kuh« (*vacca*), die Liste ist lang.

Gleich nebenan, in Frankreich, ist *putain*, die Hure, so ziemlich das Letzte, was man zu einer Frau sagen sollte. Und das, obwohl das Wort ansonsten recht brauchbar ist, weil es sich so vielseitig einsetzen lässt. Natürlich am besten zum Schimpfen. Ein krachendes »Scheißhure!« (*Putain de merde!*) entspricht etwa dem deutschen »Verdammte Scheiße!«. *Putain* allein ist als Ausruf bei Emotionen aller Art, von Erstaunen über Frohlocken bis Entsetzen, angebracht. Es lässt sich aber wie »Scheiß…« auch mit so ziemlich allem kombinieren, was einem nicht passt.

Ähnlich machen es die Spanier mit dem Wörtchen *puta*. Aber Achtung! Während *¡puta madre!*, frei als »Hurenmutter!«

übersetzt, dem deutschen »Verdammter Mist!« gleichkommt, ist alles, was »von der Hurenmutter« (*ide puta madre!*) genannt wird, einfach nur »geil«. Dafür erlebt der, der »Huren durchmacht« (*pasarlas putas*), sprichwörtlich eine harte Zeit, und der Depp, dem »keine Hurenidee« kommt (*ni puta idea*), hat schlicht keinen blassen Schimmer. Der sicherste Weg, sich in Spanien die Fresse polieren zu lassen, ist es aber, einen Mann den »Sohn einer Hure« (*hijo de puta*) zu nennen. Die Schande, seinen Körper verkauft zu haben, hält man sogar für erblich. Und die Unterstellung, der Spross einer Prostituierten – und damit einer gekauften Liebe entsprungen – zu sein, ist ein Rufmord erster Güte. Wenngleich umstritten, gehen *putain* und *puta* möglicherweise beide auf das lateinische Wort *putere* zurück, das »stinken« bedeutet. Ein vernichtendes Urteil über einen Lebenswandel, das sich ähnlich in etlichen Sprachen findet. So lässt sich das russische *rasputnitsa* (*распутница*) beispielsweise mit »eine, die sich hat gehenlassen« übersetzen. Übrigens ist auch in nahezu allen slawischen Sprachen »Hure«, *kurwa*, einerseits die übelste Beleidigung, die man einer Frau antun kann, und zugleich die wichtigste Grundvokabel des Fluchwortschatzes (*Kurwa!*), der – an Häufigkeit und Verwendungsvielfalt – im Deutschen allenfalls »Scheiße!« gleichkommt.

In Holland kennt man Bordsteinschwalben als jene, die nicht nur »pesen« (*pezen*) oder »tippeln« (*tippelen*), wenn sie ihrem Beruf nachgehen, sondern mitunter schlicht »hinter dem Rahmen sitzen« (*achter het raam zitten*). Im Amsterdamer Stadtteil de Wallen lag einst das bekannteste holländische Rotlichtviertel. In den dicht an dicht stehenden Reihenhäusern saßen die Dirnen, gewissermaßen als Auslage, in den Schaufenstern. Wenn sie richtig auf Krawall gebürstet sind, reicht den Niederländern aber die »Hure« (*hoer*) nicht mehr – und sie machen kurzerhand die »Krebshure« (*kanker hoer*) daraus. Typhus, Krebs und Pocken: Wem Holländer richtig Übles wollen, dem wünschen sie Krankheiten im Dutzend an den Hals. Einzigartig in Europa. Wie viel schöner erscheint da das Bild vom griechischen »Schmetterling der Nacht« (πεταλούδα της νύχτας – *petalúda tis níchtas*) oder der portugiesischen »Frau des Lebens« (*mulher da vida*)?

Dennoch ist die überwältigende Mehrheit der Namen, die man den Liebesverkäuferinnen anheftet, von Wertschätzung meilenweit entfernt: Als »Frau der Kniescheibe« (*mulher de rótula*) wie in Portugal oder *Schnain* wie in Bayern (die »Schnalle« meint in der Jägersprache die Vagina des Wildes) würde sich wohl keine Frau selbst bezeichnen. Der anderen »Hälfte« des Geschäfts, den Konsumenten, hat man nicht ansatzweise so übel mitgespielt wie den Händlerinnen, woran man wieder einmal sieht, dass die Geschichte (und auch die Sprache) von den Siegern geschrieben wird. In vielen Ländern hält man es wie in Griechenland, wo der Sex-Käufer, betont sachlich, »Kunde« (πελάτης – *pelátis*) genannt wird. Engländer schimpfen ihn scherzhaft *John*, weil der Kunde, der gern anonym bleiben möchte, sich hinter diesem Allerweltsnamen versteckt. Allenfalls der »Bordsteinkrabbler« (*kerb crawler*) stört ein bisschen den kundenfreundlichen Umgangston, der im Allgemeinen gepflegt wird. Und auch wir Deutschen suggerieren mit dem »Freier« romantische Werbungsszenarien. Italiener machen aus Hure und Kunde wenigstens ein Paar: Zur *puttana* gibt's den *puttaniere* – da weiß man, woran man ist.

Wenn überhaupt, dann ist es der Vermittler des Liebeskaufes, der schlecht wegkommt. Der Herr über die »Abtei derer, die sich allen anbieten« (*abbaye de s'offre-à-tous*), wie das Freudenhaus in Frankreich auch genannt wird, heißt dort »Makrele« (*maquereau*). Allerdings ist er nicht so fischig, wie es den Anschein hat. Vielmehr stammt sein Titel vom holländischen *makelen* ab, was nichts anderes als »machen« bedeutet und es als Makler auch bei uns zu zwiespältigem Ansehen gebracht hat. Die Italiener haben den Chef eines Bordells, des »geschlossenen Hauses« (*casa chiusa*), sogar zum »Beschützer« (*protettore*) ernannt. Im Tschechischen ist der Vorsteher eines Bordells der »Hirte« (*pasák*), im Griechischen der »Pornohirte« (πορνοβοσκός – *pornowoskós*). Klingt beinahe liebevoll. Immerhin erscheint er im italienischen *pappone*, dem »Fresser«, etwas großmäulig. Aber in beinahe ganz Europa kennt man den sogenannten *souteneur* – *sutener* heißt er etwa in Polen, *sutenööri* in Finnland –, was aus dem Französischen kommt und so viel heißt wie »der den Unterhalt bringt«. Den schlechtesten Ruf hat da noch *Alfons*. Kennen Sie nicht? In Dänemark beispielsweise, aber auch in Norwegen und Polen, nennt man den Luden so. Schuld ist der französische Schriftsteller Alexandre Dumas d. J. Der gleichnamige Titelheld seines Dramas *Monsieur Alphonse* von 1873 lässt sich von seinen Geliebten stützen. Eine galante Form der Zuhälterei, könnte man sagen.

Mist muss raus

Das ist stärker als Roquefort!

Ein Drängler an der Supermarktkasse? Ein Falschläufer in der Fußgängerzone? Was Europäer zur Weißglut bringt, das bleibt ihnen oft ein heiliges – oder auch unheiliges – Rätsel. Wenn Griechen etwas beim besten Willen nicht in ihren Kopf bekommen, versuchen sie es daher lieber gar nicht und nennen es konsequent »was immer es auch ist« (ό,τι να 'ναι – óti na 'ne). Darüber gesprochen wird freilich trotzdem, denn was bewegt uns mehr als das, was wir nicht begreifen, nicht kennen – oder worüber wir uns schrecklich aufregen.

Erst aber müssen wir uns wieder fangen. Wenn ein Holländer entdeckt, dass der Postbote seine Briefe in der Mülltonne versenkt hat, dürfte er aus der Wäsche gucken, als ob er »Wasser brennen sieht« (*water zien branden*). Ist ein Engländer überrascht, bringt er dagegen Erstaunliches zustande: Er »scheißt einen Ziegelstein« (*shit a brick*), reibt sich die Augen und ruft anschließend aus: »Da werd ich doch der Onkel eines Affen!« (*Well, I'll be a monkey's uncle!*)

Ist der kurze Moment ungläubigen Staunens aber erst einmal vergangen, kann es so richtig losgehen. Und was ein wirklich starkes Stück ist, »Sachen der Verrückten!« (*Cose da pazzi!*), wie die Italiener sagen, das hat es in sich. In Frankreich heißt es da: »Der Kaffee ist ein bisschen stark!« (*C'est un peu fort de café!*).

Oder, was Schlimmeres verheißt: »Das ist stärker als Roquefort!« (*C'est plus fort que le Roquefort!*), jener blauschimmlige Käse, dessen Anblick allein schon furchteinflößend ist. In den Niederlanden fühlt man sich da eher an »ein starkes Stück in einer alten Hose« (*een sterk stuk in een oude broek*) erinnert, das wir, abgesehen von den Buxen, ja auch in Deutschland kennen. Engländer, die vielleicht noch ehrfürchtig auf ihren nagelneuen Ziegelstein starren, finden das Ganze »ein bisschen dick« (*that's a bit thick*). Kann man verstehen. Finnen erklären, was ihnen zu weit geht, sogar für »zu dick« (*se on jo liian paksua*). In Norwegen gibt es eine traditionelle Liebe für den gehörnten Fürsten der Unterwelt, wenn es etwas zu schimpfen, fluchen oder beleidigen gibt. Also bedienen sie sich bei Überraschungen aller Art immer wieder eines *Dæven steike!*, das so viel wie »Bratender Teufel!« bedeutet. Kann ein Pole nicht glauben, was er sieht, ruft er hingegen: »Das ist wie ein Schwede, der auf seinem Schwanz geht!« (*Choćby szwed na chuju szedł!*)

Irgendwann aber wird es zu viel, geht es »übers Dunkelbraune hinaus« (*eso pasa de castaño oscuro*), wie es in Spanien heißt. Was wir Deutschen auf die Höhe oder den Gipfel treiben, ist auch unseren Nachbarn nicht unbekannt. So empören sich Russen, »das sei die Grenze« (*э'mo npeдe'л!* – Äta pridel!), für Griechen ist es »das weiteste Ende« (*Αυτό είναι το άκρον άωτον!* – Aftó íne to ákron áton!) und Spanier empfinden das Unerhörte als »den Gipfel der Gipfel« (*¡esto sí que es el colmo de los colmos!*).

Natürlich will nicht jeder unbedingt höher, schneller, weiter. Eine richtige Schweinerei, oder »Barbarei« (*¡qué barbaridad!*) wie in Spanien, kann auch anders daherkommen. Franzosen zum Beispiel nennen das, was bei uns sprichwörtlich dem Fass den Boden ausschlägt, »die Bommel« (*C'est le pompon!*). Oder »das

Ende der Bohnen« (*C'est la fin des haricots!*). Manchmal schimpfen sie auch nur beherzt: »Das ist der Strauß!« (*C'est le bouquet!*) Engländer, die für die romantische Ader ihrer Intimfeinde noch nie etwas übrig hatten, brauchen es nicht so blumig. Wenn etwas endgültig zu weit geht, dann »ist das der letzte Strohhalm« (*This is the last straw!*) oder aber »es nimmt den Keks« (*That takes the biscuit!*). Und mehr braucht es wirklich nicht, um einen Briten so richtig auf die Palme zu bringen. Einen Franzosen, der auch nicht die Schnauze, sondern die »Schüssel voll hat« (*J'en ai ras le bol!*), bringt eine Unverschämtheit immerhin zum »Kacken« (*Ça me fait chier!*). Na, vielleicht wird ja ein Ziegelstein daraus.

Ein Paduaner spricht Doppel-Niederländisch

Europa plaudert mit vielen Zungen. Amtssprachen, Landessprachen, Regional- und Minderheitensprachen: Weit mehr als 100 sind es insgesamt allein in Europa. Kein Wunder also, dass wir einander nicht immer verstehen. Spannend aber ist, *was* wir da eigentlich nicht kapieren. Oder wofür wir es halten, denn verstanden haben wir es ja nicht. Wo ein Deutscher beispielsweise nur böhmische Dörfer erahnt, hört ein Engländer ein »doppeltes Niederländisch« (*it sounds like double Dutch to me*), eine Sprache, mit der er sich nicht einmal in einfacher Ausführung anfreunden kann. Wie vielen Europäern erscheint ihm Unverständliches aber vor allem »chinesisch« (engl. *it's all Chinese to me,* frz. *c'est du chinois pour moi,* span. *esto me suena a chino,* poln. *to dla mnie chińszczyzna*). Aber ansonsten versteht jeder einen anderen Bahnhof: Was den Franzosen wie »hebräisch« vorkommt (*c'est de l'hébreu pour moi*), empfinden Briten als »griechisch« (*it's all Greek to me*) und plaudert ein Italiener als »arabisch« daher (*parlare arabo*). Portugiesen hingegen »verstehen Paduaner nicht« (*não perceber patavina*), was wahrscheinlich auf den einst europaweit ausgezeichneten Ruf der Universität im italienischen Padua zurückgeht. Die über die Landesgrenzen hinaus gerühmten Weisheiten ihrer Professoren nicht zu kennen, konnte man sich einfach nicht leisten. Und doch empfanden die Gelehrten Lissabons dieses Italienische als so verflixt undeutlich …

Wenn ein Spanier wirklich gar nichts schnallt, versteht er »keine Kartoffel« (*no entender ni papa*), »keinen Schwanz« (*no entender un pijo*) und erst recht »kein Jota« (*no entender ni jota*). Das Jota, der neunte und, weil nicht mehr als ein Strich, »kleinste« Buchstabe des griechischen Alphabets, hatte immer schon einen schweren Stand. Seit jeher galt das Jota als so unscheinbar, dass es nur zu gern übersehen und zum Sinnbild für etwas sehr Geringes wurde. Einem Italiener entgeht an gleicher Stelle übrigens »ein h« (*non capire un'acca*), denn der Buchstabe wird in der italienischen Sprache wie bei den Franzosen in der Regel (allein) nicht betont und kann deshalb weder gehört noch verstanden werden, sodass er schon mal durchrutscht. Dass man aber auch in Italien keinen »Schwanz« versteht (*non capire un cazzo*) , wenn es erst einmal hakt, dürfte eher daran liegen, dass *cazzo* – wie viele Vulgärausdrücke – so ziemlich überall zum Einsatz kommt, wenn es etwas zu verunglimpfen gibt.

Aber auch die Worte des Herrn müssen herhalten, wenn zum Ausdruck gebracht werden soll, dass einem etwas ganz und gar unverständlich ist. So sagen Spanier, sollte ihnen der Durchblick fehlen, sie »verstehen so viel wie ein Neger bei der Predigt«

(*sacar lo que el negro del sermón*). Ein Pole »sitzt« in der gleichen Situation »wie bei einer türkischen Predigt« (*siedzieć jak na tureckim kazaniu*). Kein Wunder also, dass er die gemurmelten Phrasen auch als »schwarze Magie« (*to dla mnie czarna magia*) empfindet. Vielleicht meinen selbst Finnen ein fremdes Gotteswort zu vernehmen, wenn sie »dieses Himmlische nicht verstehen« (*joku ei ymmärrä tuon taivaallista*).

Meist ist die Ursache für misslingende Kommunikation aber durch und durch menschlich. Sobald ein Holländer *koeterwaals*, also »Kauderwelsch«, spricht, wird ein Grieche das »Grunzen nicht verstehen« (δεν καταλαβαίνω γρυ – *den katalawéno gri*). Gleiches gilt für einen Portugiesen, der »die Boje nicht sieht« (*não ver bóia*), oder einen Holländer, der bei Verständnisproblemen schlicht »kein Seil dran festknoten kann« (*er geen touw aan kunnen vastknopen*). Und der Moment, wenn ein Italiener »Pfiffe für Flaschen hält« (*prendere fischi per fiaschi*), sollte unter Natur- oder besser Sprachschutz stehen. Nicht immer ist jedoch das Gestammel unseres Gesprächspartners Schuld, dass bei uns keine Lampe angeht. Manchmal hocken wir einfach nur auf dem Schlauch. Aber selbst darüber sind wir uns ja nicht einig: Während ein Italiener »auf dem Kabel steht« (*stare sul cavo*) oder »im Ball ist« (*essere nel pallone*), »ist« ein Spanier »abgehangener als ein Schinken« (*quedarse más colgado que un jamón*). Hat er erst vollends den Faden verloren, »fährt« ihm sogar »der Heilige in den Himmel« (*se me va el santo al cielo*). Wahr oder nicht: Diese Wendung soll auf einen Pfarrer zurückgehen, der sich bei seiner Predigt derart verhaspelte, dass er seine himmlische Botschaft aus den Augen verlor – und nicht mehr wusste, welchen der vielen »Sancte« er gerade anrufen wollte. Hätte ich die Wahl, würde ich als Ahnungsloser indes bestimmt nach Frankreich gehen, denn hier »radelt« ein Schlauchsteher wahlweise »im Sauerkraut« (*pédaler dans la choucroute*) oder »im Grieß« (*pédaler dans la semoule*). Eine sympathische Bildungslücke.

Das macht mir einen Schnurrbart

Was den Italiener »nicht stößt« (*Me ne sbatto!*), das interessiert ihn nicht. Dem Bayern »passt es gar nicht ins Brötchen« (*Des passt ma goa ned ins Semmal!*). Und ehrlich gesagt ist es auch uns hier schnurzpiepegal. Aber *wie* die Europäer ihrem Desinteresse Ausdruck verleihen, ist dann doch einen Blick wert. Deutschen ist bekanntermaßen »scheißegal«, was sie nicht juckt. Und das ist kein Alleingang. Von Ungarn bis Schweden: Überall wird eifrig rein- oder drauf»geschissen« (ungar. *szarok bele*, schwed. *Det skiter jag i!*, griech. χέσ' το! – *chés to!*). Spanier finden das zu viel der Aufmerksamkeit. Was sie links liegenlassen, ist allenfalls noch »Ameisenscheiße« (*eso es como estar cagadas de hormiga*). Und Polen wissen, wo sie finden, was sie gar nicht suchen. Nett gesprochen »haben« sie es »irgendwo« (*mam to gdzieś*), im Klartext: »im Arsch« (*mam to w dupie*). Aber es geht auch anders: Russen zum Beispiel »spucken« (мне чиха́ть на э́то – *mnje tchikhat' na äta*) oder »niesen« (мне плева́ть на э́то – *mnje pliwat' na äta*) lieber drauf. Meistens aber lassen Europäer, wenn ihnen einer vom Durchfall seines Zwergkaninchens erzählt, den Schwafler wissen, was ihnen diese Neuigkeit wert ist. Nämlich in der Regel nicht einmal das Wertloseste. In Italien ist die Langweiler-Geschichte »keinen Kohl« (*non me ne importa un cavo-*

lo) und »keine trockene Feige wert« (*non me ne importa un fico secco*), und in Spanien gibt es dafür allenfalls eine »Gurke« (*eso me importa un pepino*) oder einen »Meerrettich« (*eso me importa un rábano*). Ein Holländer wiederum ist der Ansicht, Uninteressantes würde »ihn keinen Lumpen scheren« (*het kan hem geen lor schelen*). Und Engländer interessiert, was ihnen schnurz ist, weder »Brei« (*I don't care a pap!*) noch »Nadel« (*I don't care a pin!*). Ja, sie würden dem Kaninchenpfleger nicht einmal »eine fliegende Ente geben« (*I don't give a flying duck!*), vom »Affenfurz« (*I don't give a monkey's fart!*) ganz zu schweigen ...

Spätestens jetzt wäre der arme Tropf abgezogen. Dabei können unsere Nachbarn spielend noch eine Schippe draufpacken. Spanier greifen ohne zu zögern auch zu dem, wovon sie – davon sind sie jedenfalls selbst überzeugt – reichlich haben: *cojones*. Daher verwundert es nicht, dass ihnen, was dem Deutschen wurscht ist, je nach Laune »ein«, »drei« oder ganze »dreitausend Eier wert ist« (*esto me importa un huevo/tres (mille) cojones*). Vulgär? Da machen die anderen gleich mit! Was ihm am Arsch vorbeigeht, »schreibt« ein Grieche kurzerhand »auf seine Eier« (*το γράφω στ' αρχίδια μου* – *to gráfo st' archídia mu*). Oder er ruft, und dafür muss man keine Frau sein: »Bei meiner Fotze!« (*Στο μουνί μου!* – *Sto muní mu!*) Obwohl es aufregend klingt, wenn ein Franzose sich angesichts einer vermeintlich skandalösen Neuigkeit »die Eier schlägt« (*s'en battre les couilles*), ist sie ihm völlig schnuppe. Dass sie bei gänzlichem Desinteresse »nichts zu ficken haben« (*j'en ai rien à foutre*), findet ausnahmsweise die vollste Zustimmung der Briten, denn auch sie geben, wenn's ihnen schnurz ist, »keinen Fick« (*I don't give a fuck!*).

Wer bis hierhin durchgehalten hat, könnte sich bei den so betont Gelangweilten erkundigen, ob das schon alles war. Und siehe da: Es geht noch kreativer. Woran ein Italiener keinen einzigen Gedanken verschwendet, das geht ihm beispielsweise »nicht einmal durch das Vorzimmer des Gehirns« (*no mi passa per neppure l'anticamera del cervello*). Russen wiederum finden den Uninteressantes sei »wie Erbsen an die Wand« zu werfen (как об стенку горох – *kak ab stenku garokh*). Manche Europäer aber haben das Glück, dass ihnen selbst das, was ihnen gänzlich gleichgültig ist, noch etwas bringt. Was ein Franzose links liegen lässt, »macht« ihm beispielsweise »einen schönen Ärmel« (*ça me fait une belle manche*). Und einem Italiener »macht« das, was ihm schnuppe ist, »einen Schnurrbart« (*mi fa un baffo*). Ob diese Wendung wohl nur bei Männern beliebt ist?

. . . . **!?**

Suppe für Jan-mit-dem-kurzen-Nachnamen

Egal ob Depp oder nicht: Ein Fehler kann jedem Mal passieren, nicht so schlimm. Aber auch Grund genug für alle anderen, deftig darüber herzuziehen. Gibt's gratis, wie man so sagt. Wenn man sich einmal in Europa umsieht, wo und wie man besonders stilvoll versagt, fällt auf, dass die Deutschen, deren Vorliebe fürs Fäkalische sonst eher wenig Weggefährten findet, diesmal nicht ganz allein sind. So kann auch ein Grieche »etwas anscheißen« (τα σκατώνω – *ta skatóno*), während Spanier, sollten sie Mist bauen, »sich eine Scheißerei« machen (*mandarse una cagada*). Und im brasilianischen Portugiesisch würde man sogar sagen, wer versagt, »scheißt auf den Schwanz« (*cagar no pau*). Auf jeden Fall greifen die Europäer, wenn sie einem kapitalen Fehler einen Namen geben wollen, zu den Dingen – oder Wörtern –, mit denen sie auch bei anderen Gelegenheiten gern fluchen. Italiener zum Beispiel, deren Vorliebe für *cazzo*, den »Schwanz«, an anderer Stelle ausgiebig gewürdigt wurde, »vollbringen eine *cazzata*« (*fare una cazzata*) – wir würden wohl sagen: eine »Schwanzigkeit«. Franzosen finden, Fehler und Dummheiten seien nichts für einen Schwanz, bei ihnen ist das eine Sache der »Möse« (*con*). Folglich »macht«, wer verbockt, *conneries* (*faire des conneries*). Und auch Engländer bleiben sich treu: Dürften sie nur ein Wort mit auf eine einsame Insel nehmen, wäre das gewiss *fuck*. Aber Versager können bei ihnen – sexuell – nicht nur »verficken« (*fuck up*), sondern auch »verschwanzen« (*cock up*) oder einen »Ständer ziehen« (*pull a boner*). Anders, als man vielleicht annehmen könnte, ist der Ausdruck *make a boob* kein feministischer Versuch auf sprachliche Gleichberechtigung. *Boob* steht hier nicht als Einzelvertreter(in) der weiblichen Brust, sondern meint einen »Schnitzer«, anderswo auch einen »Trottel«. Das Wort kommt über Umwege wohl vom lateinischen *bulbus*, das »stammeln« bedeutet – und dürfte ein Grund dafür sein, warum *boobs* (also »Titten«), zumindest sprachlich, nie allein auftreten.

Gleichwohl geht es nicht immer so derb zu. Eine zweite Vorliebe bei Ausdrücken für in den Sand Gesetztes findet man erstaunlicherweise im Kulinarischen. Bei den Polen zum Beispiel klingt es ganz appetitlich, etwas zu vermasseln. Sie würden nämlich wahlweise »Graupen« oder »Bigos« – der Nationaleintopf mit Sauerkraut und reichlich Fleisch – »anrichten« (*nawarzyć kaszy/bigosu*). Und wer sich richtig etwas eingebrockt hat, der »mixt sich« sogar »Bier« (*nawarzyć sobie piwa*)! Mal ehrlich: Es gibt Schlimmeres, oder? Holländer schließen sich dieser Richtung an, auch wenn sie sich »eine Suppe daraus machen« oder es »in« selbige »läuft« (*er een soep van maken/het in soep laten draaien*). Auch die Italiener reihen sich kulinarisch ein: Setzt ein Römer ein Vorhaben in den Sand, »macht er« beispielsweise *cavolata* (*fare cavolata*), so etwas wie »Kohlheiten«. Anstatt einen Bock zu schießen, würde er sich allerdings »eine Krabbe schnappen« (*pigliare un granchio*). Vor allem aber haben die Italiener die Mutter aller Fehler erfunden: »die Flasche«. Aber ja. Wer »eine Flasche macht« (*fare un fiasco*), hat so richtig verkackt. Die *fiasco* ist eine bauchige Flasche, häufig mit Korb umflochten, die meist für Chianti verwendet wird. Warum ausgerechnet sie für einen katastrophalen Fehler oder Reinfall steht, ist umstritten. So heißt es, dass venezianische Glasbläser ein Produkt, das ihnen missglückte, beiseitelegten, da es nur mehr als ordinäre Flasche – als *fiasco* – zu gebrauchen war. So wurde der amüsierte Kommentar umstehender Schaulustiger »Eine andere Flasche!« (*Altro fiasco!*) Symbol für einen Fehlschlag.

Wenn gar nichts mehr zu retten ist, dann ist es – auf Niederländisch – für *Jan Lul*, den man mit »Jan Schwanz« übersetzen müsste – für den Arsch also. Sollte ein Holländer diesen vulgären Ton scheuen, findet er, das umsonst Getane sei »für Jan-mit-dem-kurzen-Nachnamen« (*voor Jan-met-de-korte-achternaam*). Ein Engländer »macht einen Heuler« (*make a howler*), ein Grieche »flutet« (τα θαλασσώνω – *ta thalassóno*), was er in den Sand setzt, ein Franzose verzapft anstelle eines Schnitzers »eine Boulette« (*faire une boulette*) und ein Spanier »steckt das Bein bis zum Knie rein« (*meter la pata hasta la rodilla*). Langeweile kommt bei diesem Zirkus sicher nicht auf. Auch dann nicht, wenn ein Russe einem Engländer zuruft, es nicht zu versauen: »Rühr den Tee nicht mit deinem Schwanz um!« (*Не суй хуй в чай! – Ne suj khuj w tchaj!*) Geht es doch schief und »lässt«

der Brite »einen Ziegelstein fallen« (*drop a brick*), dann ist alles »für die Katz« – oder »für den Fuchs« (*für d' fuchs*), wie es in der Schweiz heißt. Nur die Franzosen drücken das noch drastischer aus, wenn sie sagen, es sei, »wie in eine Violine zu pissen« (*c'est comme si on pissait dans un violon*). Was das heißt? Sie werden es verstehen, wenn sie es versuchen. Es kommt kein Ton raus. War also umsonst.

Unken und Schlangen werfen

Die Könner des gepflegten Wortes waren immer schon Helden. Das ist bis heute so. Einst, im antiken Griechenland, hießen sie Rhetoren. Diese Lehrer der Beredsamkeit waren nicht selten auch Politiker und ihre Künste ließen so manche Rede erträglich werden. Das ist nicht mehr so. Schöne Sprache ist inzwischen anderswo zu Hause. Aber um diese Süßholzraspler soll es hier nicht gehen, sondern um die Könner des ungepflegten Wortes: die, die so fluchen und schimpfen, die »toben und rasen« (*rant and rave*), wie es in England heißt, dass sie »die Luft blau machen« (*make the air blue*). Oder genauer: Es geht um jene, die den Ruf genießen, »ihren Kopf abzufluchen« (*swear one's head off*).

Aber wer kann es nun am besten? Wenn man unseren britischen Nachbarn Glauben schenken darf, stünden der »Seemann«, der »Landsknecht« und das »Fischweib« ganz oben auf dem Siegertreppchen, denn wer flucht wie sie, hat ein furchteinflößendes Mundwerk (*swear like a sailor/a trooper/a fishwife*). Die Marktfrau ist schon seit langer Zeit derart bekannt für ihre unflätigen Wortbeigaben, dass eine ihrer bekanntesten Wirkungsstätten, der Fischmarkt im Londoner Stadtteil Billingsgate, zum Synonym für vulgären Sprachgebrauch wurde. Wer »Billingsgate spricht« (*talk Billingsgate*), der flucht richtig derb. Mit dem »Fischweib« halten es auch die Holländer (*schelden als een viswijf*), was nicht verwundert, wenn man bedenkt, dass das Land lange weitgehend von der Nordsee lebte. Aber auch »wie ein Ketzer zu fluchen« (*vloeken als een ketter*) heißt, dass man »auf seiner Pfote spielen« (*op zijn poot spelen*), also richtig Dampf ablassen kann. Geht man die Sache aber demokratisch an – was ein richtiges Fischweib, verdammt nochmal!, nie tun würde –, gebührt der Thron des schlechtesten Mundwerks dem »Kutscher«, denn von Frankreich (*jurer comme un charretier*) und Spanien (*jurar como un carretero*) über Polen (*kląć jak dorożkarz*), Ungarn (*káromkodik, mint egy kocsis*) und Rumänien (*înjura ca un birjar*) bis nach Russland (*брани'ться ху'же изво'зчика – branit'sja khuzhe izwostchika*) – überall gesteht man ihm eine Sprache zu, vor der man seine Kinder schützen muss.

Zum Glück ist er aber nicht allein. Gemeinsam flucht es sich viel schöner. Schweden zum Beispiel sind sich sicher: Wer »wie ein Bürstenbinder schimpft« (*svära som en borstbindare*), der kann es am besten. In Finnland bellt man als »Mischling« (*haukkua kuin rakkikoira*) am schmutzigsten und Polen trauen einem »Schuster« (*kląć jak szewc*) einen Schwall saftig-unanständiger Ausdrücke zu. Italiener, die ja nun wahrlich nicht auf den Mund gefallen sind, schauen, wenn es um echte Könnerschaft im Fluchgeschäft geht, ehrfurchtsvoll nach Osten. Sollte einer »wie ein Türke fluchen« (*bestemmiare come un turco*), gehört er zu den Schlimmsten. Und ein Grieche, auf der Suche nach dem richtigen Unwort, würde gern »fluchen wie ein Fährmann«

(βλαστημώ σαν βαρκάρης – *wlastimó san warkáris*). Sollte damit jener berühmte Fahrensmann gemeint sein, der in der antiken Mythologie die Seelen der Verstorbenen in die Unterwelt übersetzt – und eigentlich als eher schweigsam gilt? Aber stille Wasser sind bekanntlich tief. Bei den Franzosen ist ein Beruf nicht vonnöten, das Diplom in schlechter Sprache verdient man sich schon noch. Am besten, wenn man »flucht wie ein Verrückter« (*jurer comme un fou*), wodurch man sich ehrlich Luft macht – und »seinen Beutel ausleert« (*vider son sac*). Was aus diesem Sack oder den berufenen Mündern hervorquillt, steht in diesem Buch auf einem anderen Blatt. Aber auch an den Ausdrücken, die das Fluchen selbst beschreiben, lässt sich erkennen, wie sehr es dabei zur Sache geht. Lässt ein Grieche beispielsweise einen Fluch vom Stapel, dass die Luft brennt, hat er »Öllämpchen runtergeschmissen« (κατεβάζω καντήλια – *katewáso kantília*). Und zwar nicht irgendwelche, sondern jene, die in orthodoxen Kirchen die Ikonen erhellen. Blasphemie wirkt eben immer dort am besten, wo sie das stärkste Tabu bricht. Und in Spanien kann man sein sprachliches Gift verspritzen, indem man »Unken und Schlangen« (*echar sapos y culebras*) oder sogar »Seuchen wirft« (*echar pestes*). Gottes Plagen können es nicht besser.

In allen Farben des Regenbogens ...

Haben Sie sich jemals die Frage gestellt, was wir – und der Rest der Angsthasen um uns herum – so alles tun, wenn wir Muffensausen haben, uns ein Schatten an der Wand in die Flucht schlägt oder uns vor der Schwiegmutter stehend die Courage verlässt? Nein? Sollten Sie aber! Es lohnt sich. Ein furchtsamer Holländer etwa sitzt »im Piepsack« (*in de piepzak zitten*). Man ist sich zwar recht sicher, dass dahinter der »Pfeifen-«, also ein »Dudelsack« steckt, aber was einen Feigling dorthin verschlägt, bleibt sein Geheimnis. Vielleicht schlottert er ja im Takt der heulenden Pfeifen. Nicht ausgeschlossen, immerhin hat auch ein verängstigter Engländer »die Zittereien« (*have the jitters*).

Auf jeden Fall ist Angst eine Frage der Farbe, wenn auch eine, die sich nicht abschließend klären lässt. Schon die Engländer scheinen sich, was das angeht, nicht ganz sicher zu sein. Es leuchtet durchaus ein, dass ein Schisser in Not »gelb ist« (*be yellow*). Immerhin ist die Farbe in unseren Kulturkreisen – anders als Gold! – wenig beliebt. Kein Wunder: Galt sie doch als Farbe des Christusverräters Judas. Bis heute ist sie symbolischer Träger vieler negativer Eigenschaften: Neid, Gier und auch Angst. Andererseits ist man »in einer blauen Stimmung« (*be in a blue funk*) in gleichermaßen angstvoller Panik. Ein Zustand, der Italienern völlig einleuchtet, denn auch sie »haben einen blauen Schiss« (*avere una fifa blu*), wenn ihnen nach Weglaufen zumute ist. Dies alles stellen indes die Holländer problemlos in den Schatten. Denn sie bringen es fertig, Angst sei dank, »in allen Farben des Regenbogens zu scheißen« (*in alle kleuren van de regenboog schijten*).

Und da haben wir sie schon: Die gesunde Reaktion auf Gefahren aller Art. Ballast von Bord werfen und nichts wie weg. Ein Russe macht sich wie wir »in die Hose« (*наложи'ть в штаны' – nalazhit' f schtany*), wo ein Portugiese »mit Scheißerei ist« (*estar com cagaço*). Finnen sind sogar »scheißsteif« (*olla paska jäykkänä*) und ein Spanier, der »sich vor Angst bescheißt«

(*cagarse de miedo*), bekommt, wenn es ganz schlimm wird, ganz fix die »Scheißerei« (*tener cagalera*). Griechen haben das seltene Talent, in Angstzuständen »Minze zu scheißen« (*κλάνω μέντες* – *kláno méndes*), was aller Ehren wert ist. Sogar das eher verspielt klingende französische »Jetons haben« (*avoir les jetons*) offenbart sich – hintenrum – als Schietkram: Kommt der »Spielchip« (*jeton*) doch vom Verb *jeter*, das so viel wie »werfen« bedeutet. Die kleinen Jetons meinten, vor allem in besagtem Ausdruck, die von Tieren abgeworfenen Exkremente. Und wenn wir es genau nehmen, machen die deutschen Angsthasen auch mit. Nein, nicht nur wenn wir »Schiss haben«. Auch beim »Muffensausen« spielt der Hinterausgang die Hauptrolle, denn nichts anderes meinte die »Muffe« lange Zeit. Da schadet es gewiss nicht, dass man in England auch ganz und gar »scheißlos verängstigt« sein kann (*scared shitless*).

Überhaupt haben all die Schisser wohl vergessen, wo sie ihren Mut verlegt haben. »Eier haben« war die Devise, nicht nur in Spanien (*tener cojones*). Aber zumindest wissen die, was sie sich schuldig sind. Denn wenn ein Spanier angsterfüllt vom Acker flüchtet, »macht er sich die Eier zur Krawatte« (*ponérsele a alguien los cojones de corbata*). Die französische Wendung »Kugeln haben« (*avoir boules*) wiederum meint eher, dass sie ihrem Träger Alarm läuten, auf der Flucht. Und sie sind nicht allein. Erwachsen doch Franzosen in angstvollen Momenten sogar »Arschbacken, die Trommeln spielen« (*avoir les fesses qui jouent du tambour*).

Scheiße im Ventilator

Manchmal läuft alles aus dem Ruder, dann sind die Dämme nicht mehr zu halten. Die Hölle bricht los, alles geht den Bach runter – und die »Scheiße trifft den Ventilator«. Wirklich. Und zwar in England (*the shit is going to hit the fan*). Dort tut es offenbar ungemein gut, sich in misslichen Situationen etwas vorzustellen, das noch schlimmer ist. Wie Scheiße im Ventilator. Konsequenterweise kann man in England bei Problemen auch sagen, dass »die Scheiße fliegt« (*the shit flies*). Vielleicht keine schlechte Alternative, wenn man ein bisschen Hoffnung hat, dass noch nicht alles verloren ist. Und der Ventilator fehlt. Außerdem kommt das der deutschen Vorstellung von der Kacke, die am Dampfen ist, ja schon ein bisschen näher.

Übrigens finden auch die Franzosen, dass man Dampf ablassen muss, wenn es schlecht läuft. Und sie sind ebenfalls der Meinung, dass Exkremente dafür – sprachlich – das Mittel erster Wahl bedeuten. Allerdings gehen sie es etwas bodenständiger an, denn sie sagen nur »es wird scheißen« (*ça va chier*). Vom Fliegen keine Rede. Natürlich können auch sie noch einen Gang höher schalten. Wenn es richtig übel wird, »gibt es Wasser im Gas« (*il y a de l'eau dans le gaz*) oder es »furzt sogar Flammen« (*ça va péter des flammes*). Und trotzdem dürfte es für den einen oder anderen reizvoll sein, sich so einen französischen Schlamassel einmal anzutun. Wie schlimm kann es schon sein, wenn ein Pariser im Angesicht einer mittleren Klippe des Lebens ruft: »Was für ein Bordell!« (*Quel bordel!*)?

Dass einer Portion Ärger der Geruch von Fäkalien anhaftet, meinen auch unsere Nachbarn aus den Niederlanden. Sie haben dafür den fast schon gepflegten Ausdruck geprägt: »Da ist Scheiße an der Murmel.« (*Er is stront aan de knikker.*) Apropos Murmel: Rollt das beschissene Ding dann richtig an, ruft ein Holländer auch schon mal: »Ziegenbockeier!« (*Kloten van de bok!*) Wenn's hilft ... Bei den Finnen dagegen ist gleich »alles im Arsch« (*kaikki on päin persettä*). Mit dem, was von dort zu erwarten ist, beschäftigen sie sich lieber nicht. Denn ein finnisches Sprichwort sagt: »Durch Abwiegen wird die Scheiße nicht besser.« (*Ei paska punniten parane.*)

Schwant einem Spanier Übles, riecht er »den (angebrannten) Toast« (*oler la tostada*), ist aber sonst der festen Überzeugung, dass in brenzligen Situationen »die Scheiße brennt« (*mierda está que arde*). Aber im katholischen Spanien geht es auch anders. Wenn »die ganze Hölle losbricht« (*all hell breaks lose*), wie Engländer sagen würden, spricht man in Spanien davon, es werde »sich (ein Streit) entwickeln, ob Gott Christus ist« (*va a armarse la de Dios es Cristo*). Der seltsame Ausdruck geht zurück auf das Konzil von Nicäa im Jahr 325. Bei der großen Versammlung der christlichen Bischöfe zankten sich rund 300 Bischöfe und reichlich Mitstreiter darum, ob Gott und Christus eins seien. Entschieden wurde das Geplänkel letztlich durch den Kaiser, der kurzerhand festlegte, dass »der Sohn eines Wesens mit dem Vater« sei. Aber die ausufernde Streiterei hinterließ einen bleibenden Eindruck und wurde mit der Zeit zum Symbol für ein gehöriges Chaos.

Geht ein Krach einmal schlecht aus, endet er in Spanien übrigens »wie der Rosenkranz im Morgengrauen« (*acabar como el rosario de la aurora*). Und damit sprechen wir endlich eine Sprache, die auch die Italiener verstehen. Ein großes Donnerwetter, egal von wem oder was, »kommt« bei ihnen immer noch als

»der Zorn Gottes« (*succede l'ira di Dio*). So göttlich finden Griechen irdischen Ärger ganz und gar nicht. Für sie gerät das Ganze, wenn es brenzlig wird, »zum Bettgestell der Hure« *(γίνεται της πουτάνας το κάγκελο – jínete tis putánas to kángelo)*.

Arsch auf den Tisch!

Man kennt das ja: Unbequeme Wahrheiten, peinliche Geständnisse, freundlich zurückgehaltene Kritik – sie landen nur selten auf dem Tisch und wenn doch, dann nicht ohne Umwege. Irgendeiner traut sich nicht, druckst rum, »läuft auf Katzenpfötchen« (*pussyfoot around*) durch die Gegend und »klopft um den Busch« (*beat about the bush*), wie es in England heißt. Ein Finne ist nicht viel besser, denn er »geht und kurvt herum« (*kierrellä ja kaarrella*) und trifft dabei vielleicht den spanischen Schönredner, der sich sicherheitshalber nur »mit Kleinigkeiten beschäftigt« (*andarse con chiquitas*). Als »Wörter kauen« ist dieses Rennen um den heißen Brei vielerorts bekannt (griech. *μασώ τα λόγια μου – masó ta lójia mu*, engl. *mince words*, frz. *mâcher ses mots*).

Aber um die soll es hier nicht gehen, dieser Text ist jenen gewidmet, die kein Blatt vor dem Mund oder, spanisch gesprochen, »keine Haare auf der Zunge haben« (*no tengo pelos en la lengua*) und auf Plattdeutsch dem »Kalb ins Auge schlagen« (*Kalf in't Oog slaan*). Erst dann wird offen gesprochen und es kommt – wie es im Jiddischen heißt – »der Arsch auf den Tisch« (*tuches oyfn tisch*). Aber Klartext zu reden, ist manchmal schwieriger als man denkt. Eigentlich ist es natürlich genau *so* schwer, wie es all jene befürchten, die sich darum drücken. Deshalb schauen sie ja weg, wenn »die Wahrheit wie eine Kuh« (*een waarheid als een koe*) unübersehbar vor ihnen steht, wie ein Holländer sagen würde. Stattdessen »ignorieren sie den Elefanten im Raum« (*de olifant in de kamer negeren*) und eiern weiter herum.

Will ein Engländer beispielsweise es »jemandem gerade geben« (*give it to someone straight*), also Tacheles reden, rät ihm der Volksmund, »zu den Messingreißzwecken zu kommen« (*get down to the brass tacks*). Im Interesse der Wahrheit ist es nur schade, dass keiner mehr so richtig weiß, was man mit denen eigentlich machen soll. Die Wendung entstand ziemlich sicher irgendwann in den 1860er Jahren in Texas. Sie rührt möglicherweise daher, dass man dort in dieser Zeit Stofflängen nicht mehr wie bisher mittels der bekanntermaßen von Mensch zu Mensch variierenden Armlänge bestimmte, sondern dazu überging, ein – durch Reißzwecken abgestecktes – Maß zu verwenden, das nun Fakten schuf. Wem das zu abgedreht ist, der kann auch einfach »Truthahn reden« (*talk turkey*). Es heißt, die Wendung kam mit der amerikanischen Thanksgiving-Tradition eines Truthahnessens auf. Allerdings war mit jenem »Truthahn-Reden«, zu dem sich am Festtag die ganze Familie rund um den Feiertisch versammelte, anfangs eher leichtes, freundliches Geplauder gemeint. Erst im Laufe des 19. Jahrhunderts wurde der Vogel zu harten Fakten, offen angesprochenen Probleme und klaren Worten gewendet.

Hat sich ein Italiener endlich durchgerungen, »die Pünktchen aufs i zu machen« (*mettere i puntini sulle i*), also Klarheit in eine Sache zu bringen, spricht er »ohne Halbausdrücke« (*senza mezzi termini*). Dass er, wenn er dann mit der Sprache herausrückt, »die Kröte ausspuckt« (*sputare il rospo*), dürfte ihn nur noch mäßig grämen. Immerhin darf sein Gegenüber, der in den »sauren Apfel« – die erbetene Offenheit – zu beißen hat, sie dann gleich wieder »schlucken« (*ingoiare il rospo*). Dass offen und ehrlich zu sprechen einen Abschied von Halbheiten bedeutet, finden auch Spanier. Bei ihnen redet einer klipp und klar nämlich »ohne seine halbe Tinte« (*andar sin medias tintas*), was nichts anderes bedeutet, als dass er sie – für die ganze Wahrheit – völlig aufgebraucht hat.

Aber was bringen unsere Nachbarn denn nun zutage, wenn sie das »Biest bei seinem Namen nennen« (*het beestje bij zijn naam noemen*), wie es die Holländer tun? Und hier zeigt sich prompt, dass die Wahrheit (fast) überall ein anderes Kleid trägt. Franzosen finden, es sei angebracht, »eine Katze Katze zu nennen« (*appeler un chat un chat*), während Spanier (*decir al pan pan y al vino vino*) und Italiener (*dire pane al pane e vino al vino*) als lebensfrohe Südländer »zum Brot Brot und zum Wein Wein« sagen. Griechen gehen sogar so weit, »Feigen als Feigen und den Trog als Trog« (λέω τα σύκα σύκα και τη σκάφη σκάφη – *léo ta síka síka ke ti skáfi skáfi*) zu bezeichnen. Den längsten Bart – und das gilt unter Gelehrten ja durchaus schon mal als Beweis für Richtigkeit – hat aber der unter anderem in England (*call a spade a spade*) und Norwegen (*kaller en spade for en spade*) schon seit Jahrhunderten bekannte Ausdruck »einen Spaten Spaten nennen«. Die Ironie der Geschichte: Es ist der falsche Name für das Kind! Wir verdanken den Spaten nämlich einem Übersetzungsfehler des holländischen Humanisten Erasmus von Rotterdam, der anstatt des griechischen Wörtchens *skáfi* (σκάφη) das so viel wie »Trog« bedeutet, das Wort *spathi* (σπάθη – *spáthi*), die »Schaufel«, übersetzte. So ist das mit der Wahrheit. Glücklicherweise haben sich die Briten ihren Teil dazu gedacht und seit

1919 führt das englische Großlexikon aus Oxford eine angemessene Alternative und man kann heute »einen Spaten eine blutige Schaufel nennen« (*call a spade a bloody shovel*).

Tausend Millionen Donner von Brest!

Wenn beim Ausparken die Mülltonne im Weg steht, man beim Check-In am Flughafen feststellt, dass der Flug am Vortag ging, oder der Kaffee auf der Hose landet, dann gibt es eine simple Lösung: einen beherzten Fluch. Das hilft, Dampf abzulassen und in der Birne wieder Platz zu schaffen für einen klaren Gedanken. Das Rezept für einen gelungenen Fluch ist denkbar einfach: Je größer das Tabu, das er bricht, desto wirksamer ist er. In Europa bieten sich dafür vor allem zwei Bereichen an: Religion und Sexualität. Blasphemie und Vulgarität teilen das Feld also unter sich auf, wobei gilt: Umso obszöner, desto besser. Mit »Verdamm es (in die Hölle)!« (*Damn it (to hell)!*), »Ficken!« (*Fuck!*) und der »Fickenden Hölle!« (*Fucking hell!*), dem besten beider Welten, käme man in England schon ein paar Ärgernisse lang über die Runden. Aber Fluchen wäre nicht so beliebt, wenn das alles gewesen sein sollte.

Die Steilvorlage für den Aufstieg der Blasphemie zur frühesten Königsdisziplin des Fluchens findet sich im zweiten der Zehn Gebote: »Du sollst den Namen des Herrn, deines Gottes, nicht missbrauchen; denn der Herr lässt den nicht ungestraft, der seinen Namen missbraucht.« Eine Herausforderung, die also das richtige Maß hat, wenn einem gerade ein Stein auf den Fuß gefallen ist. Folglich gehören »Gott!« (*God!*), »Verdammt!«

(*Damn!*) und »Gottverdammt!« (*Goddamn!*) bereits seit langer Zeit ebenso zum Fluchkanon wie »Jesus Christus!« (*Jesus Christ!*) und »Allmächtiger Christus!« (*Christ Almighty!*). Dass die Engländer mit uns Deutschen dann doch etwas gemein haben, sieht man daran, dass sie auch einem *Holy crap!* oder *Holy shit!* nicht abgeneigt sind. Mit »Scheiße« kennen wir Deutschen uns aus, heilig oder nicht, soll uns beides recht sein. Zum Wirkungsvollsten, was man im Englischen vom Stapel lassen kann, gehört ganz bestimmt *Bloody hell!* – »Blutige Hölle!«. Es heißt, *bloody* sei eine sprachspielerische Umbildung aus *by our lady*, eine Anspielung auf die Mutter Gottes, Maria. Aber die weltlichen Vulgarismen müssen sich nicht verstecken: »Fick (es)!« (*Fuck (it)!*) ist nur die Spitze des Eisberges. Mit *Bugger!* und *Bummer!* führen Engländer nicht selten zwei »Arschficker!« im Mund, deren ursprüngliche Bedeutung vielen längst nicht mehr geläufig ist. Wahrscheinlich besser so. Und auch *Sod it!*, das unserem »Verdammt!« entspricht, hat nichts mit der »Grasnabe« (*sod*) zu tun, sondern ist eine Aufforderung zur »Sodomie«.

Einen Schuss Farbe in die britische Fluchwelt bringt seit jeher der Brauch, Euphemismen zu ersinnen, Sprachspiele, die das Gemeinte erahnen lassen, ohne es wirklich aussprechen zu müssen. *Minced oaths,* »gehackte Eide«, heißen sie; und was immer zum Fluch wurde, fand sich alsbald auch gehackt: Aus *god* (Gott) wurde *gosh*, zu *Jesus* fand sich *geez*, *damn* (verdammt) ersetzte man durch *darn*, und *shit* (Scheiße) tauchte als *shoot* wieder auf. Sogar *goddamn* (gottverdammt) wurde als *doggone* neu geboren. Welche Allmacht das F-Wort (*fuck*) im Laufe der Jahrhunderte erlangt hat, offenbart eine Anekdote zu den Spitznamen, die man den Engländern anderswo verpasst hat. Denn lange Zeit hießen sie in Frankreich nur *les goddams*, eine Bezeichnung, die

die Franzosen im Hundertjährigen Krieg den ständig fluchenden englischen Landsknechten von den Lippen abgelauscht hatten. Inzwischen aber nennen sie ihre geliebten Feinde von der Insel eher *les fuck-offs*.

Apropos Franzosen: Auch sie bewegen sich schimpfend zwischen Himmel und Hölle. Vater aller Flüche ist »Guter Gott!« (*Bon Dieu!*), von dem es zahlreiche Varianten gibt, darunter »Namen Gottes!« (*Noms de Dieu!*), »Töte Gott!« (*Tue Dieu!*) und »Guter Gott der Scheiße!« (*Bon Dieu de merde!*). Wie ein Engländer kann ein Franzose – etwa beim Besuch der Großmutter – Sprachspiele bemühen, wenn er den großmütterlichen Seelenfrieden nicht verletzen will, aber auch das Fluchen nicht lassen kann. So versteckt sich hinter *Sacrebleu!* der »Heilige Gott!« (*Sacrée Dieu!*), aus den Gottesnamen wird der »Heilige Name einer Pfeife!« (*Sacré nom d'une pipe!*) und wer Fäkalien verabscheut, schimpft auf den »Guten Gott des Holzes!« (*Bon Dieu de bois!*). Dass die Franzosen aber zugleich ein durch und durch sinnliches Volk sind, sieht man daran, dass zwei ihrer liebsten und auch häufigsten Flüche *Putain!* und *Bordel de merde!* sind: »Hure!« und »Bordell der Scheiße!« Außerdem sollte klar sein: »Scheiße!« (*Merde!*) geht auch. Immer.

Ein echter Star unter den französischen Flüchen ist einer, für den ein Ausländer auf jeden Fall ein Vokabelheft braucht. Seit dem Weltruhm des belgischen Comic-Helden Tim und seines treuen Hundes Struppi geht ein Fluch seines Freundes Kapitän Haddock um die Welt: *Mille millions de tonnerre de Brest!* Der mit »Hunderttausend heulende Höllenhunde!« ins Deutsche übertragene Lieblingsfluch des Seebären heißt eigentlich: »Tausend Millionen Donner von Brest!« In der bretonischen Hafenstadt donnerten die Batterien der stark bewaffneten Festung immer um 6 und um 19 Uhr, um das Öffnen und Schließen des Waffenlagers anzuzeigen. Inzwischen gibt es den »Donner von Brest« nur noch alle vier Jahre – als eines der größten maritimen Festivals in Europa.

Gott – und alles, was mit ihm zu tun hat – ist auch in Spanien die erste Adresse für einen saftigen Fluch. Das Besondere: Sie »scheißen« auf ihn (*¡me cago en Diós!*). Und wo sie schon mal dabei sind, hören sie so schnell nicht wieder auf. Ein Spanier »scheißt aufs Meer« (*¡me cago en la mar!*), »auf die Milch« (*¡me cago en la leche!*), ja sogar die »auf die Scheiße« selbst (*¡me cago en la mierda!*). Und wer es ausführlich mag, »scheißt auf die 24 Eier der Apostel von Jesus« (*¡me cago en los veinticuatro cojones de los apóstoles de Jesús!*). Vor allem aber »scheißt er auf die Hostie« (*¡me cago en la hostia!*), eines der Universalwörter der spanischen Vulgärsprache: Wer von der »schlechten Hostie ist« (*estar de la mala hostia*), hat miese Laune. Vielleicht hat er sich ja eine »Hostie« (*hostia*) eingefangen – eine Ohrfeige. Und wie bei vielen Un-Wörtern für alle Tage entscheidet auch bei der Hostie erst der Kontext, ob sie gut oder schlecht ist. Ein »Hostienwetter« (*un tiempo de la hostia*) etwa kann bombig oder unter aller Sau sein.

Wo die Hostie ist, kann im Spanischen ein anderes Wörtchen nicht weit sein: *coño*. Der Ausdruck »Ach, welche Fotze!« (*¡ay que coño!*) eröffnet den Reigen der profanen spanischen Schimpfsprache. Anders als viele ihrer Nachbarn fluchen Spanier aber auch auf die »Eier!« (*¡cojones!*). Wenn sie etwas ganz unglaublich finden, heißt es für sie sogar »Schlag dir die Eier!« (*¡tócate los cojones!*). Und mit dem immer wieder zu hörenden »Ficken!« (*¡joder!*) ist das Sex-Paket komplett. Richtig eisig könnte es werden, wenn einem – gerade als Neuling im Spanischen – unvermittelt und am falschen Ort eine »Hurenmutter!« (*¡puta* *madre!*) rausrutscht, denn das ist starker Tobak. Ist das Kind schon in den Brunnen gefallen, könnte man noch behaupten, man habe »de« *puta madre* gesagt, was so viel wie »affengeil« meint, aber auf den Trick fallen die Spanier sicher nicht mehr rein … Vielleicht bleibt man dann für den Anfang doch lieber bei etwas Unverfänglicherem wie den »Austern!« (*¡ostras!*) oder dem längst fernsehtauglichen *¡caramba!*. Wie gut, dass die wenigsten Prüfer für Altersfreigaben wissen, dass es sich dabei um einen nur unwesentlich verhüllten »Schwanz« (*¡carajo!*) handelt.

Italiener bilden als gute Katholiken im Verein der Gotteslästerer keine Ausnahme: Sie laden eimerweise Flüche auf ihrem gelobten Herrn ab: Sie schimpfen ihn »Hässlicher Gott!« (*Dio brutto!*), »Hundegott!« (*Dio cane!*), »Gehörnter Gott!« (*Dio beco!*) und sogar »Schweinegott!« (*Dio porco!*). Wer hier ein bisschen Dampf rausnehmen will, kann stattdessen den »Schweineonkel!« (*Porco zio!*) oder die »Schweinezwei!« (*Porco due!*) beschimpfen – und wird trotzdem verstanden, denn sie klingen dem eigentlich angesprochenen Herrgott nur gar zu ähnlich. Wie auch immer: Das Schwein hat es den Italienern angetan. Wenn nicht Gott, dann verfluchen sie die »Schweinekuh!« (*Porca vacca!*), die »Schweinehure« (*Porca puttana!*) oder ihre – eigentlich aufs Höchste verehrte – Gottesmutter als »Schweinemadonna!« (*Porca Madonna!*). Die First Lady der katholischen Kirche kann es übrigens sogar noch härter treffen, denn als eine der übelsten Verwünschungen flucht ein Italiener auch mal: »Hurenmadonna!« (*Madonna puttana!*) Probieren Sie das lieber nicht. Rufen Sie lieber »Was für Eier!« (*Che palle!*) oder »Was für ein Schwanz!« (*Che cazzo!*), und keiner dreht sich mehr nach ihnen um.

Die Ausnahme im Reigen der engagierten Blasphemisten bilden die Portugiesen. Ein Fluch auf den Allerhöchsten ist bei ihnen höchstes, respektiertes Tabu. Stattdessen liegt ihnen schnell Sexuelles auf der Zunge: »Eier« (*Bolas!*) zum Beispiel, ein »Schniedel!« (*Caralho!*) oder sogar »Wichse!« (*Porra!*) und natürlich »Scheiße!« (*Merda!*). Klar, dass dann ein saftiges »Fick es!« (*Foda-se!*) nicht fehlen darf. Das findet übrigens als *Fogo!* eine Weichspülvariante für Sprachspieler. Es lässt sich aber auch ohne Sex fluchen. Also warum nicht mal »Droge!« (*Droga!*) schimpfen, oder »Kuhfladen!« (*Bosta!*)?

Weiter im Norden, in Holland, ist man nicht so gläubig wie die südeuropäischen Katholiken. Kein Anlass also, ständig darüber herzuziehen. Wenn sie etwas aufregt, rufen sie zwar schon mal *Godverdomme!* (»Gottverdammt!«), aber das ist mittlerweile sogar großmutterverträglich. Richtig in Rage lassen sie heutzutage eher ein »Fotze mit Birnen!« (*Kut met peren!*) oder »Bockeier!« (*Kloten van de bok!*) hören. Da ihnen beim Fluchen der Gegenüber fehlt, um ihm Krankheiten auf den Hals zu hetzen, rufen sie ihr »Verrecke!« (*Verrek!*) oder »Ersticke!« (*Stik!*) einfach ins Nirgendwo. Polen stört das nicht, einer ihrer häufigsten Flüche ist das kurz-knackige »Cholera!« (*Cholera!*), das freilich dem allgegenwärtigen *Kurwa!*, »Hure!«, nicht das Wasser reichen kann. Längst alltäglich geworden, lässt sich der Ausdruck in Rage sogar noch »Zum Elend der Hure!« (*Do kurwy nędzy!*) ausbauen. Polnische Flüche können aber auch richtig niedlich sein, wie man an »Gebratenen Hähnchen!« (*Kurczę pieczone!*) sehen kann, die sicher nur selten böse Blicke zur Folge haben dürften. Ähnlich könnte es einem Russen ergehen, wenn er »Eierkuchen!« (*Блин! – Blin!*) verflucht. Zum neidisch werden.

Während er in vielen südeuropäischen Ländern häufig nicht so oft bemüht wird wie Gott, Jesus oder die Heilige Jungfrau Maria, spielt der Gehörnte in den nordischen Ländern, aber auch weiter im Osten und Südosten, eine zentralere Rolle. In Norwegen (*faen*) ist er sogar eines der wichtigsten Schimpfwörter überhaupt. Griechen (Να πάρει ο διάολος! – *Na pári o diáolos!*) wie auch Finnen (*Piru vieköön!*), Russen (чёрт побери'! – *Tchjort paberi!*) und sogar Isländer (*Andskotinn hafi það!*) finden, etwas »Verflixtes« solle »der Teufel holen«. Finnen packen gern auf den »Teufel!« (*Perkele!*) noch die »Hölle!« (*Helvetti!*) obendrauf oder kombinieren zwei ihrer häufigsten Schweinereien zur »Satanischen Möse!« (*Vittu saatana!*). Isländer schicken den Teufel am liebsten nach Hause, in »Teufels Hölle!« (*Djöfulsins helvíti!*), und Schweden rufen in Momenten zwischen Verzweiflung und Wut: »Teuflische Scheiße!« (*Jävla skit!*)

Fluchen gehört zum Leben wie das Atmen. Bis zu 90 Mal rutscht einem Menschen durchschnittlich pro Tag ein Schimpfwort raus. Suchen Sie sich also was aus. Wie wäre es mit dem bayrischen Rundumschlag, dem »Himmelherrgottsakrament!« (*Himmeheagodsackrament!*)? Oder dem schweizerischen »Bärendreck« (*Bäredregg!*)? Vielleicht wollen Sie zur Abwechslung aber auch mal wie die Finnen fluchen, die durchaus zu den Einfallsreichen in Europa gehören. Der »Mösenfrühling und Schwanzwintereinbruch!« (*Vittujen kevät ja kyrpien takatalvi!*) ist aller Ehren wert.

Inzwischen fluchen wir übrigens sogar mit dem Segen der neuen Religion, der Wissenschaft. 2010 ging der Alternative Nobelpreis an eine Forschergruppe, die herausfand, dass fluchen dabei helfen kann, physische Schmerzen zu lindern. Toll!

Zank und Streit

Du Pornohund!

Eine gute Beleidigung ist ein Wettkampf, ein Hauen und Stechen, eine Suche nach dem wunden Punkt des anderen, der ihn zur Weißglut treibt. Feinheiten sind dabei selten von Belang, Treffsicherheit schon eher. Ob stimmt, was man dem anderen unterstellt, wenn man ihn »Kraftidiot« (dän. *kraftidiot*), »Nachttopf« (griech. *Καθίκι – kathíki*) oder »Hülse« (span. *vaina*) schimpft, ist nebensächlich. Auf die Ungeheuerlichkeit der Behauptung kommt es an, und es gibt eine klare Marschrichtung: Was uns ekelt, was wir verabscheuen oder für gering erachten, damit machen wir den anderen nieder und lassen ihn wissen, wie herrlich wenig wir ihn schätzen. Natürlich ist der (Un-) Wortschatz an Beleidigungen, der durch Europa schwirrt, geradezu unerschöpflich und zum Teil äußerst schnelllebig. Aber drauf geschissen! Ein kurzer Blick muss erlaubt sein.

Wenn wir den anderen in den Schmutz ziehen wollen, geht das am besten, indem wir ihn damit bewerfen. Der schlimmste für uns vorstellbare Dreck ist natürlich der eigene, also wird damit nicht gespart: Vom »Stück Scheiße« (*pezzo di merda*) in Italien und dem »Scheißsack« (*drittsekk*) in Norwegen über den »beschissenen Stock«, den es in Frankreich (*baton merdeux*) und England (*shitstick*) gibt, bis hin zur griechischen »Scheißfresse« (*σκατόμουτρο – skatómutro*) ist alles möglich. Holländer wählen sogar den »Scheißkönig« (*drollenkoning*), wobei der erste Platz sicher an die »Scheiße mit Fingern« (*drol met vingers*) gehen dürfte. Auch »Dung« (poln. *gnój*) und »Mist« (frz. *ordure*) sind eine sichere Bank. Die Finnen wiederum machen mit ihrem gern verwendeten »Pisskopf« (*kusipää*) Gebrauch von einer anderen ungeliebten Körperflüssigkeit.

Wie dem auch sei: Wo Exkremente herkommen, ist noch mehr zu holen und deshalb ist der Liebling unter den Beleidigungen ganz klar der Arsch, besser noch das dazu gehörige Loch, das es fast überall gibt, ganz sicher aber überall verstanden wird (dän. *røvhul*, norw. *rævhøl*, schwed. *rövhål*, frz. *trou du cul*, engl. *asshole*). Freilich machen sich trotzdem ein paar Spaßvögel die Mühe und setzen noch einen drauf. In Portugal (*olho do cu*) und Spanien (*ojo de culo*) redet man gern mal vom »Arschauge«, Portugiesen sogar vom »hinteren Auge« (*olho traseiro*). Italiener machen es wie wir – ganz oder gar nicht: Das Arschloch wird zum »Arschgesicht« (*faccia di culo*). Und in Ungarn wäre der so Beschimpfte gar der »Arschkopf« (*seggfej*).

Wer Ausscheidungen nicht einmal für eine Beleidigung in den Mund nehmen will, könnte zum Beispiel auf Genitalien umsteigen. Einige, so Franzosen (*tête de nœud*), Engländer (*dickhead*) und Italiener (*testa di cazzo*), haben sofort den »Schwanzkopf« zur Hand. Es soll wohl eine gewisse Ähnlichkeit geben, heißt es. In Italien wird man auch schon mal als »verrückter Schwanz« (*cazzomatto*) tituliert und Finnen beweisen mit ihrem »Jesusschwanz« (*jeesuskyrpä*) fraglos Humor. Doch der Ausflug in die untere Körperhälfte ist beim Mannsteil noch nicht zu Ende: Da auch *ihr* gutes Stück gemeinhin tabu ist, eignet es sich gleichermaßen für eine kraftvolle Beleidigung. Wer in England ein *»See you next Tuesday!«* (»Ich seh dich nächsten Dienstag!«)

hört, ohne tatsächlich verabredet zu sein, wurde gerade als »Fotze« (*cunt*) buchstabiert. C*unt*, wahrscheinlich das schmutzigste Wort der englischen Sprache und sogar Buchstabe für Buchstabe sicher noch eine Sünde, ist als Beschimpfung für Mann und Frau gleichermaßen gerade gut genug. Gleich über den Kanal, in Frankreich, ist die etwas betagte und außer Mode gekommene Bezeichnung für die Vagina, *con*, längst nicht so tabuisiert und vielleicht gerade deshalb im Schimpfgeschäft allgegenwärtig. Um jemanden einen Scheißkerl zu schimpfen, stehen nämlich »die schmutzige Möse« (*sale con*), der *connard*, was sich am ehesten mit »Möser« übersetzen lässt, und der »König der Mösen« (*roi des cons*) zur Verfügung.

Was die Geschlechter mit- und untereinander vereint, darf natürlich auch nicht fehlen: Sex. Aber da die Potenzprotze ihre Manneskraft nur zu gern hervorholen, taugt zur wirklich bösen Beschimpfung eigentlich nur das, was im Verborgenen geschieht. Was das sein soll? Ein finnischer »Taubenficker« (*pulunnussija*) zum Beispiel oder ein bayrischer »Hennenvögler« (*Hennafegla*). Dazu ist vielerorts der »Wichser« (ital. *segaiolo*, von *segare* = sägen, engl. *wanker*, griech. *malákas* – μαλάκας) ein ebenso willkommener Schimpfname wie der »Arschficker« (frz. *enculé*, engl. *bugger, sod*, griech. *xekoliáris* – ξεκωλιάρης). Im amerikanischen Englisch wiederum hört man kaum ein Schimpfwort häufiger als *motherfucker*, den »Mutterficker«. Trotzdem rangiert er direkt hinter dem C-Wort (*cunt*) auf der Schwarzen Liste und ist nichts, was man mal eben so einstreut.

Und wo sich die Abstammung des anderen derart in den Dreck ziehen lässt, kann man auch gleich den umgekehrten Weg gehen und ihm eine schmutzige Herkunft andichten. Die weit verbreitete Unterstellung, der »Sohn einer Hure« zu sein (port.

filho da puta, ital. *figlio di puttana*, engl. *son of a bitc*h), gilt vor allem in Spanien (*hijo de puta*) als die schlimmste mögliche Beleidigung, die einem Heißblütigen schon mal das Messer in der Tasche aufgehen lässt. Landestypische Euphemismen, die man als Ausländer vielleicht gar nicht erkennt – wie der italienische »Sohn einer guten Frau« (*figlio di buona donna*) oder der portugiesische »Sohn der Mutter« (*filho da mãe*) – stehen dem an Schärfe kaum nach. Finnen, die in ihrer eisigen Hölle des Nordens eine so bemerkenswerte Liebe zum Teufel entwickelt haben, geben dem »Satansbastard« (*saatanan äpärä*) den Vorzug. Das ist unmissverständlich.

Beliebt sind auch Vergleiche mit mehr oder weniger ansehnlichen Vertretern aus der Tierwelt. Ob nun »schweinischer Rüssel« (*świński ryj*) wie in Polen, »Saubeutel« (*Saubail*) wie in Bayern, »Pferdearsch« (*horse's ass*) wie in England oder »Ziegenbock« (*cabrón*) wie in Spanien: So sehr wir sie auch lieben, wenn sie Fleisch, Eier, Milch und alles andere für uns geben, einen Vergleich mit ihnen empfinden wir selten als schmeichelhaft. Und Holländer wollen auch beim Wortspiel mit Tieren nicht auf die von ihnen so gern bemühten Krankheiten verzichten, die sie anderen an den Hals wünschen. Also haben sie den »Krebshund« (*kankerhond*) erfunden.

Gleichwohl lässt die eine oder andere Verunglimpfung mit tierischen Protagonisten Luft für ein Schmunzeln, wie etwa eine bayrische »Bachratte« (*Bochrotz*) oder der portugiesische »Welskopf« (*cabeça-de-bagre*). Und auch der »Pornohund« (*Klám hundur*) hat, sollte er irgendwann mal über Islands Grenzen hinauskommen, das Zeug zum Superstar ... Eher augenzwinkernd kommen zudem jiddische Beschimpfungen daher, die ihr Schmutzpotenzial meist in schwarzen Humor kleiden. Ein waschechtes Arschgesicht lässt sich im Jiddischen beispielsweise einfach als »verschleppte Krankheit« (*fahrshlepte krenk*) beschimpfen.

Alles andere als witzig, aber gut verpackt, ist die bayrische Verunglimpfung als *Sechana*. Sollte man den Fehler begehen und vorsichtig nachfragen, was das heißt, dürfte man wohl erneut hören: *Na Sechana!* »Solch einer« eben. Der dumm fragt und Widerworte gibt. Schlimmer finden Bayern nur noch einen *Saubraiss*, den »Saupreußen«. Reinhold Aman, der weltweit bekannteste (und vielleicht auch erste) Maledictologe und selbst gebürtiger Bayer, hat ihn beschrieben: »Unangenehmer norddeutscher Mann, der sich durch seine große Schnauze überall in der Welt unbeliebt macht; er spricht schnell, lauthals und ziemlich hochdeutsch; er prahlt, wie wundervoll es bei ihm zu Hause ist, bemängelt alles, lacht gern über die doofen anderen (wodurch er seine eigene Doofheit bezeugt); er trägt leider gerne bayrisch-österreichische Volkstracht, ist aber an seiner Hastigkeit und dem Ausdruck ›Na machense schon, Mann!‹ erkennbar. Ein unsympathischer Typ, der allen anderen, auch die netten Norddeutschen in Verruf bringt. Nicht alle Norddeutschen sind Braissn, aber alle Braissn sind Norddeutsche.«

Geht es nach der deutschen Polizei, dann ist die schlimmste aller Beleidigungen keine, die ausgesprochen wird, sondern der berühmte Stinkefinger – auch der ist international be- und anerkannt. Wer einen Uniformträger auf diese Weise begrüßt, verabschiedet oder nur vor ihm herumfuchtelt, darf dafür bis zu 4000 Euro abdrücken. Für die gleiche Summe kann man ihm schon so einiges an den Kopf werfen. Mit »Wichser!« (1000 Euro), »Arschloch!« (1500 Euro) und »Alte Sau!« (2500 Euro) – dem Tabellenführer unter den Verbalattacken – wäre man dabei.

Zwei Hände auf einem Bauch

Wind und Hose, Saft und Nase, Winnetou und Old Shatterhand – was einmal zusammengefunden hat, will sich nicht mehr trennen müssen. Als »Arsch und Hemd« kennt man sie in Frankreich (*être comme cul et chemise*), Italien (*essere culo e camicia*) und Finnland (*olla kuin paita ja perse*). Diese Wendungen dürften wohl in eine Zeit zurückreichen, in der außer einem langen Hemd nicht viel Weiteres (darunter) getragen wurde. In Griechenland dagegen hängen zwei aneinander wie »Arsch und Unterhose« (*αυτοί οι δύο είναι κώλος και βρακί* – *aftí i dío íne kólos ke wraki*). Und zwei Italiener, die wie »Brei und Fleisch« (*essere pappa e ciccia*) sind, »die kann man mit Wasser nicht auseinandergießen« (*их водой не разольёшь* – *ikh wadoj ne razaljosch*), würde ein Russe sagen, denn sie gehen zusammen durch dick und dünn.

Doch Vorsicht ist geboten, sollten die zwei sich verkriechen und »unter einer Decke« das Dunkel suchen. Dort hocken all jene, die lieber nicht miteinander gesehen werden wollen und im Schatten halbseidene Machenschaften anleiern. In den USA sagt man, zwei, die gemeinsame (unlautere) Sache machen, träfen sich *in cahoots*, wohl eine französische Leihgabe, die sich mit »in einer kleinen Hütte« übersetzen lässt. Aber was genau machen sie da eigentlich, die beiden Zwielichtigen? So arglos, wie selbst Holländer unter der Decke tun, als »zwei Hände auf dem Bauch« (*twee handen op een buik zijn*), sind sie ganz bestimmt nicht. Immerhin »spielen« die beiden dort »unter einem Hütchen« (*onder een hoedje spelen*), eine abgekartete Sache also. Aber auch englische Dunkelmänner geben sich betont unbescholten.

Heißt es doch von ihnen, sie würden miteinander »ins Bett« (*be in bed with somebody*) steigen, wo sie – süffisant zweideutig – »Hand im Handschuh sind« (*be hand in glove with somebody*) und sogar noch »füßeln« (*play footsie with somebody*). Und selbst in Frankreich scheinen die beiden, unlauter vereint, einander beim Füßeln »am Knöchel« (*être en cheville avec quelqu'un*) zu begegnen … Zur Ehrenrettung der Halunken sei gesagt: nur scheinen. Mit *cheville* ist in diesem Fall nämlich eigentlich ein Dübel gemeint, als Symbol für die kleinen Dinge, die ein Unterfangen zusammenhalten. Gemeinsam »am Dübel«, ziehen sie also ihr schmutziges Ding durch. Doch Schluss mit den Kuscheleien! Sagen wir es, wie es ist: Wenn zwei Engländer, »so dick wie Diebe« (*be thick as thieves*), sich »verstehen wie Diebe auf dem Markt« (*s'entendre comme larrons en foire*), wie es in Frankreich heißt, dann ist die Decke endgültig gelüftet.

Gleichwohl sind nicht alle, die voneinander nicht lassen wollen, hinterlistige Beutelschneider. Während man in Deutschland Pech und Schwefel beschwört, gehen Spanier als »Nagel und Fleisch« (*ser uña y carne*) – am Finger – durch dick und dünn. Tschechen wiederum halten einander nicht nur die Treue, sondern auch gemeinsam »den Bass« (*držet basu s kým*), Finnen sind sogar »der gleiche Kessel« (*olla yhtä pataa*) und Holländer »stechen zusammen in See« (*met iemand in zee gaan*). Den vielleicht bewegendsten Freundschaftsdienst leistet man sich allerdings in Spanien. Unzertrennliche sind hier nämlich »wie eine Ananas« (*ser como una piña*). Es heißt, die Wendung stamme von einem Brauch karibischer Ureinwohner, die an den Eingängen ihrer Behausungen Ananaspflanzen in die Erde brachten – als Zeichen der Freundschaft.

Brich mir nicht den Schwanz!

Eine schöne Party bei Freunden, der Grill läuft, das Bier auch, Gespräche sowieso. Wenn da nur nicht dieser Typ wäre. Ununterbrochen labert er jeden voll, der nicht rechtzeitig hinter seinem Glas verschwindet. Da platzt Paolo, dem italienischen Nachbarn mit dem unnachahmlichen Drang zur Ehrlichkeit, der Kragen und er brüllt ihn an: »Brich mir nicht den Schwanz!« (*Non rompermi il cazzo!*) Kurzes Schweigen. Danach hebt sich die Stimmung. Die gescholtene Nervensäge, der »Schwanzbrecher« (*rompicazzo*), hat vielleicht den Satz nicht verstanden, aber er hat verstanden, dass er Paolos Wecker zum Klingeln gebracht hat.

Was dem Deutschen auf den Wecker geht, hat im restlichen Europa mitunter ein ganz anderes Format. Schließlich ist schlechte Laune nur zu oft in südlicheren (Körper-)Regionen zu Hause. Tatsächlich kann man Italienern auf die Nerven gehen, indem man ihnen »auf den Eiern steht« (*stare sulle palle a qualcuno*), sie »dreht« (*far girare le palle a qualcuno*) oder sogar »bricht« (*rompere le palle a qualcuno*). Das klingt eher schmerzhaft als nervig, aber in dem Konzert spielen auch die anderen fleißig mit. Einem entnervten Griechen würde man »die Eier anschwellen lassen« (*πρήζω τα αρχίδια κάποιου* – *príso ta archídia kápiu*), dem Spanier wahlweise an die edlen Teile »fassen« (*tocar los cojones a alguien*) oder sie sogar »aufpumpen« (*hinchar las pelotas a alguien*). Und auch mit dem brasilianisch-portugiesischen Ausdruck »jemandem den Sack füllen« (*encher o saco de alguém*) ist ziemlich sicher kein Handtäschchen gemeint. Franzosen lassen das italienische Vorspiel einfach weg: Ihnen reicht es, »jemandem die Eier zu brechen« (*casser les couilles à quelqu'un*). Dafür gibt es bei ihnen zusätzlich jugendfreie Bruch-Varianten. Wer seinem arglosen Opfer »die Füße« (*casser les pieds à quelqu'un*) oder »den Kopf bricht« (*casser la tête à quelqu'un*), muss nicht zwangsläufig ein Gewaltverbrecher sein, es könnte sich auch um eine Nervensäge – eben einen »Fußbrecher« (*casse-pieds*) – handeln.

Das so eindrückliche Wortspiel mit den »gebrochenen Bällen« hat sogar den Weg in die englische Sprache gefunden, wenngleich es dort eher meint, jemanden hart ranzunehmen (*break soemone's balls*). Ohnehin hat das Englische mehr als genug Ausdrücke, um das Treiben eines Nervtöters in – schmerzhafte – Worte zu fassen. Als »Schmerz im Nacken« (*pain in the neck*) wie »im Arsch« (*pain in the ass*) bekannt, fährt er anderen »die Nase hoch« (*get up someone's nose*) und »kommt ihnen in die Kuppel« (*get into someone's dome*), wo er »ihre Nerven bimmelt« (*jangle someone's nerves*). Einen getarnten Schniedel schummeln sie dann aber doch in die Rede vom nervtötenden Dampfplauderer. Denn wer einem Engländer »auf den Docht geht« (*get on someone's wick*), besteigt nur auf den ersten Blick eine Kerze. Das kleine Wörtchen *wick*, das sich so schön auf *prick* (einen älteren Bruder des heute bekannteren *dick*) reimt, meint nichts anderes als des Mannes bestes, oder sagen wir liebstes Stück.

Etwas ganz anderes haben dagegen wohl die Franzosen im Sinn, wenn sie sagen, ihnen »renne einer auf der Bohne« (*courir sur le haricot à quelqu'un*). Ähnlich unserem »Erbsen zählen«, gelten in Frankreich Sachen rund um die Bohne – früher mit *haricoter* auch noch als Verb vorhanden – als echt nervige Angelegenheit. Auf dieser heiklen Bohne auch noch herumzutrampeln, macht das Ganze ganz bestimmt nicht besser …

Dabei klingt beileibe nicht alles, was den Europäern so auf den Keks geht, wirklich schlimm. So würde einem ein nerviger

Pole etwa »die Gitarre umdrehen« (*zawracać komuś gitarę*). Ein spanischer Quälgeist wiederum, den seine Landsleute übrigens »Klumpen« (*pelma*) nennen, »gibt jemandem die Dose« (*dar la lata a alguien*), wenn er ihm nicht gerade »den Fandango spielt« (*tocar el fandango a alguien*). Umso deutlicher käme dann aber die Reaktion eines Genervten: *¡no me jodas!* – »Fick mich nicht!« Und der Tanz wäre aus. Ähnlich kraftvoll geht vielleicht noch ein Franzose zu Werke, dem ein anderer ungebeten »in die Schuhe geschissen hat« (*chier dans les bottes de quelqu'un*). Da kennt er nur eine Antwort: *Tu me fais chier!* – »Du bringst mich zum Scheißen!« Auge um Auge, Haufen um Haufen.

Den Mond im Brunnen sehen

Wer auf Reisen geht, kann was erleben, keine Frage. Andere Länder, andere Sitten – auf jeden Fall! Mal was Neues probieren? Nichts dagegen. Aber Vorsicht ist geboten bei Dingen, die allzu harmlos klingen, denn das ist mit Vorliebe dann der Fall, wenn Arglist im Spiel ist. Sie haben nichts dagegen, wenn ein Holländer »mit ihnen spazierengehen« will (*met iemand gaan kuieren*)? Sie finden es charmant, dass die süße Italienerin Sie »auf eine Runde mitnimmt« (*prendere qualcuno in giro*)? Dann ist Ihnen nicht zu helfen. Wenn Sie begreifen, dass die beiden Sie verarscht haben, wurden Sie längst – auf Englisch gesagt – »den Gartenpfad hinaufgeführt« (*lead someone up the garden-path*). In Frankreich würde Sie der Spaßvogel übrigens »aufs Boot führen« (*mener quelqu'un en bateau*). Sollte das schon voll geladen sein, dann »steckt« er sie einfach »in die Kiste« (*mettre quelqu'un en boîte*). Und glauben Sie mir: Diese Schlawiner machen da noch lange nicht Schluss. Haben sie sich erstmal miteinander verschworen, werden Sie daran ganz schön knabbern dürfen. Tischt Ihnen ein Finne eine saftige Lügengeschichte auf, dann »füttert er Sie mit Weidenseilen« (*syöttää pajunköyttä*) und ein Engländer packt noch »eine Linie« (*feed somebody a line*) oben drauf. Wären Sie vielleicht lieber nach Spanien gefahren, wo man es ihnen »mit Käse gibt« (*dársela con queso a alguien*)?

Jetzt, wo das Kind schon im Brunnen liegt, kann ich Ihnen sagen: Grämen Sie sich nicht. Später, wenn man mit Ihnen *wirklich* fertig ist, sind Sie bestimmt froh über all diese harmlosen Scherzchen. Denn laufen unsere europäischen Nachbarn erstmal warm, werden sie auch beim Bärenaufbinden handgreiflich. Zuerst packt Sie ein Italiener »am Kragen« (*prendere qualcuno per il bavero*), damit Ihnen die Spanier »an den Haaren« (*tomar el pelo a alguien*), die Finnen »an der Lippe« (*vetää jotakuta huulesta*) und die Engländer »die Beine ziehen« (*pull someone's legs*) können. Wenn Sie Pech haben, kommt auch noch ein Holländer vorbei, der ihnen erst »einen Zahn zieht« (*iemand een tand trekken*), nur um danach zum Ausgleich »ein Ohr anzunähen« (*iemand een oor aannaaien*). Leider bleibt Ihnen auch die Höchststrafe nicht erspart. Ich hatte Sie gewarnt! Franzosen nämlich haben keine Skrupel, jemanden »zu ficken« (*se foutre de quelqu'un*), statt ihn zu verulken. (Zugegeben, den physischen Akt verstehen unter *foutre* nur noch die wenigsten, aber derb bleibt derb, da hilft auch kein Vergessen!) Und ein Italiener macht beim – frei übersetzten – »Einfencheln« (*infinocchiare*) auch keinen Gemüseeintopf aus Ihnen. Dass »Fenchel« (*finocchio*) der Spitzname für einen Schwulen ist, ist bei diesem finsteren Scherz Programm. Derart gründlich verarscht, oder »versklavt« (δουλεύω κάποιον – *duléwo kápion*), wie die Griechen sagen würden, kann man Sie freilich nicht einfach in der Gegend herumliegen lassen. Also zieht man einen Polen zurate, der die seltene Kunst beherrscht, jemanden, statt ihn auf den Arm zu nehmen, »in die Flasche zu füllen« (*nabić kogoś w butelkę*) und anschließend »in die Himbeeren zu schicken« (*wpuścić kogoś w maliny*).

Da gibt es nur eins: Mitmachen! Schlagen Sie die Kasper mit ihren eigenen Waffen! Schon mal einem Portugiesen »eine Mütze übergezogen« (*enfiar um barrete a alguém*)? Einem Italiener was »in den Bart getan« (*farla in barba a qualcuno*)? Oder mit einem Holländer »den Ofen angemacht« (*met iemand de kachel aanmaken*)? Dann wird es Zeit! Nur so wird man vom Fußabtreter zum Meister. Und dann kommt das Gesellenstück mit langer Tradition: einem Amerikaner »Wolle über die Augen ziehen« (*pull the wool over someone's eyes*). Tatsächlich machen die sich damit wohl nicht zuletzt über ihre einstigen Kolonialherren, die Briten, lustig. Bis ins 18. Jahrhundert hinein trugen die nämlich in höheren Kreisen und besonders im Gericht gepuderte Perücken, schwere, furchtbar kratzige Matten aus Schafwolle, die ihre Träger reichlich lächerlich aussehen ließen. Schaffte es etwa ein findiger Anwalt, den Richter durch allerlei Schwafelei und wilde Gesten zu täuschen, hatte er ihm seine Wolle erfolgreich ins Gesicht gezerrt. Nun bot der nicht nur ein unmögliches Bild, sondern sah auch selbst überhaupt nichts mehr. Und schon gar nicht durch. Er war, wie wir sagen würden, hinters Licht geführt worden. Die Perücken schafften die Amerikaner Anfang des 19. Jahrhunderts ab, den Spaß damit behielten sie.

Haben Sie den wolligen Kalauer gemeistert, dürfen Sie endlich mitspielen im Konzert der großen Kasper. Und wenn Europäer einander genussvoll den blauen Dunst vormachen, lügen sie sich gegenseitig die Taschen voll. So bringt ein Italiener andere dazu, »Glühwürmchen als Laternen anzusehen« (*dare ad intendere a qualcuno lucciole per lanterne*). Und ein Franzose vermag den gleichen Deppen »Blasen für Laternen halten« zu lassen (*faire prendre des vessies pour des lanternes à quelqu'un*) – eben viel heißer Luft Glauben zu schenken. Freilich entdeckt der Genasführte meist erst hinterher, was er da im vermeintlichen Triumph als Trophäe nach Hause geschleppt hat. Dort angekommen, kann er nicht glauben, was er sieht: Da hat ihm der Grieche doch »Algen als seidene Kordeln verkauft« (*πουλώ φύκια για μεταξωτές κορδέλες – puló fikia jia metaxotés kordéles*)! Zumindest hat er noch … Nein, auch der Spanier konnte ihm »eine Katze als Hasen« (*dar gato por liebre a alguien*) und »einen Klepper als Widder« (*dar rocín por carnero*) andrehen.

Manchmal aber erscheint auch der Witz auf Kosten anderer ein wenig wie Zauberei. In solchen Momenten färbt diese Magie auf den Angeschmierten ab, der nicht wirklich schmollen, sondern sogar mitlächeln kann. Der Augenblick, in dem Sie erkennen, dass ein Italiener Ihnen »den Mond im Brunnen gezeigt« hat (*far vedere la luna nel pozzo*), dürfte so einer sein.

Keine zwei Daumen Stirn

Dumm bleibt dumm, da helfen keine Pillen. Aber manchmal (er)freut die Dummheit auch: die Nur-halb-so-Dummen, denn endlich scheint einer blöder als sie, und die Spötter, einer muss die Narreteien ja beim Namen nennen. Anders sehen das die Dummen selbst, die finden: »Kinder und Narren sagen immer die Wahrheit.«

Das hält natürlich niemanden davon ab, immer wieder zu betonen, für *wie* einfältig er oder sie einen Strohkopf hält. Was dem Engländer ein richtiger »Blasenkopf« (*bubblehead*) ist, dem »fehlt ein Bier zum Sixpack« (*one beer short of a sixpack*). Und dass ein »Knochenkopf« (*bonehead*) so »dick wie zwei kurze Planken« ist (*be as thick as two short planks*), weiß im Königreich jedes Kind. Warum es nun ausgerechnet zwei und auch noch kurze Planken sein müssen, können zwar selbst die Schlauesten nicht erklären. Gleichwohl leuchtet ein, dass es einem Holzkopf gut zu Gesicht steht, wenn sein Verstand so kurz wie dick ist. Außerdem finden auch andere, dass Holz irgendwie geistig wenig beweglich ist, wovon ein schwedischer »Dummbalken« (*dumbom*), ein spanischer »Holzklotz« (*el leño*) und auch die russische »Holzkeule« (*дуби'на!* – *dubina*) ein Lied singen können. Selbst Portugiesen schimpfen einen Trottel schon mal »dumm wie eine Tür« (*burro como uma porta*). Und in Polen heißt es von einem, der »dumm wie ein Tischbein« (*tępy jak noga stołowa*) und dazu noch hoch gewachsen ist, er sei »groß wie eine Eiche, dumm wie ein Strunk« (*wyrósł jak dąb, a głupi jak głąb*).

»Nadelkopf« (*pinhead*), »Dummarsch« (*dumb-ass*), »Blockkopf« (*blockhead*) – eine vollständige Liste allein der englischen Spitznamen für Einfaltspinsel würde jeden Rahmen sprengen. Aber der eine oder andere »Trend« sowie ein paar besonders einfallsreiche Schöpfungen sind es durchaus wert, erwähnt zu werden.

Wie zu befürchten ist, fällt es uns – als selbst ernannter Krone der Schöpfung – besonders leicht, auf andere Mitbewohner der Erde herabzusehen. Daher sind Vergleiche quer durch die Spezies sehr beliebt, denn sie machen den anderen schnell mal tierisch blöd. Im Wasser müssen der dänische »Dorsch« (*torsk*), die spanische »Entenmuschel« (*el percebe*) oder der italienische »Stockfisch« (*baccalà*) herhalten, um zum Ausdruck zu bringen, für wie dumm man jemanden hält. In der Luft haben der »Puter« (*el pavo*) in Spanien, das »Moskitohirn« (*cérebro de mosquito*) in Portugal und der »Uhu« (*μπούφος – búfos*) in Griechenland keinen klugen Ruf. Auch ein »Hühnerhirn zu haben«, wie es in Italien (*avere un cervello di gallina*) und Portugal (*cérebro de galinha*) heißt, oder in Spanien ein »blödes Huhn« (*gilipollas*) genannt zu werden, ist keine Auszeichnung. An Land wiederum erklären wir vor allem jene Tiere für besonders einfältig, die sich von uns ins Joch zwingen ließen. Zur Sklaverei gesellt sich also auch noch Hohn. So schimpfen Bayern einen Trottel mit Vorliebe *Brelox*, einen »Brettelochsen«. Das hat das Rindvieh nun davon, dass es tagein, tagaus mit einem Brett vor den Hörnern stur Gefährte zieht! In Polen wird aus dem Ochsen ein »Kalb zum Sonntag« (*cielę na niedzielę*) und in Holland, wo man »so dumm wie eine Kuh« ist (*zo dom als een koe*), wird die Familie komplett. »Dumm wie das Hinterteil eines Schweins« (*zo dom als het achtereind van een varken*) zu sein, macht daraus dann sogar eine Stallgemeinschaft. Aber auch wer als widerständig gilt, wird für unterbelichtet erklärt. In Finnland ist man etwa »so dumm wie ein Ziegenbock« (*olla tyhmä kuin pässi*) und in Südamerika wird eine Dumpfbacke »Guanako« (*el guanako*) genannt, nach einer Lama-Art, die nach dem Eintreffen der Spanier im 16. Jahrhundert domestiziert wurde. Einst 50 Millionen, gibt es heute noch 600.000 von ihnen. Es müssen die Dämlichsten sein. König unter den dummen Tieren ist aber der »Esel«, den etliche Europäer, darunter wir Deutschen, zum Inbegriff der Dummheit küren (niederl. *ezel*, frz. *bougre d'âne*, span. *el pollino*, port. *cabeça de burro*).

Wer nicht tierisch blöd geschimpft wird, den schicken etliche Europäer ins Beet: Einen Hohlkopf, der »nicht dümmer hätte geboren werden können« (*piú scemo non potevi nascere*), nennen Italiener »Rüben-« (*testa di rapa*) oder »Kohlkopf« (*testa di cavolo*). Und als richtiger »Kloß« (*gnocco*) läuft er auch noch »ohne Salz im Kürbis« (*senza sale in zucca*) durch die Welt. Doch damit ist der Obst- und Gemüsegarten der Dummheit noch längst nicht abgeerntet: Hat einer etwa »keine Milch in der Kokosnuss« (*have no milk in the coconut*), wie es in England heißt, dann würden ihn die Portugiesen etwa als »fauligen Knoblauchkopf« (*cabeça de alho chocho*) abstempeln. Und einen Spanier, der »kürzer als die Ärmel seiner Weste ist« (*ser más corto que las mangas de un chaleco*), nennen seine Landsleute eine »Melone« (*el melón*). Auch Bayern sparen kein deutliches Wort. Kommt ihnen einer dumm wie ein »Kartoffelkopf« (*Bodacknkobf*), kann er sich anhören: »Du bist so blöd, wie der Tag lang ist!« (*Du bis so bled wia da Tog lang is!*)

Was aber kann ein Depp denn eigentlich, wenn er das »Hirn eines Schaukelpferdes« hat (*have the brain of a rocking horse*), wie es bei den Engländern heißt? Falsch gefragt: Was kann er *nicht*? Bemerkenswert ist nämlich, dass die Messlatte für geistige Schmalspurfahrer unterschiedlich hoch hängt. Während man in Deutschland und Polen (*nie umiał do trzech zliczyć*) zur Napfsülze erklärt wird, wenn man »nicht bis drei zählen kann«, liegt die Schallmauer beispielsweise in Spanien (*no saber cuántos son cinco*) und Slowenien (*ne znáti šteti do pet*) bei »fünf« – und in Italien, PISA sei dank, steigen geistige Nullnummern erst bei »zehn« aus (*non saper contare fino a dieci*)! Eine spanische »Henkelkrugseele« (*un alma de cántaro*), die, wenn man näher hinsieht, »keine zwei Daumen Stirn hat« (*no tener dos dedos de frente*), kann noch nicht einmal »schwarz von weiß unterscheiden« (*ese no distingue lo blanco de lo negro*). Hat ein Engländer wiederum »Sägespäne zwischen den Ohren« (*have sawdust between one's ears*) oder steckt mit »seinem Kopf im eigenen Arsch« (*have one's head stuck up one's ass*), dann schafft er es nicht mal, »ein Besäufnis in einer Brauerei zu organisieren« (*someone couldn't organize a piss-up in a brewery*).

So sieht großes Scheitern aus. Ein geistig armer Franzose hat »nichts in der Karaffe« (*ne rien avoir dans la carafe*) und sogar eine ganze Reihe von Fehlschlägen auf seinem Konto. Sie zu sammeln ist eine Art Nationalsport. Eine der berühmtesten: »Er hat die 2-Liter-Flasche nicht erfunden.« (*Il n'a pas inventé le bidon de 2 litres.*) Der Siegerkranz dämlichster Verfehlungen geht dennoch nach Italien. Posthum gewissermaßen. Denn jener Italiener, der wirklich gar nichts auf die Reihe bekam, »ertrank in einem Wasserglas« (*affogare in un bicchier d'acqua*).

Vielleicht sollten sich die Strohköpfe Europas zusammentun und vereint den vermeintlich Schlauen zeigen, wo es langgeht. So klingt es durchaus vielversprechend, was da zusammenkäme. Wie wäre es mit dem Trio aus Frankreich – »dumm wie seine Füße« (*être bête comme ses pieds*) –, Polen – »dumm wie ein Schuh« (*głupi jak but*) – und Holland – die »halbe Sohle« (*halve zool*)? Vielleicht wird doch eine laufende Sache draus. Dann hätten sie das sprichwörtlich Unmögliche wenigstens versucht, nämlich, wie die Franzosen sagen, »höher zu furzen als sein Arsch« (*péter plus haut que son cul*). Was will man mehr?

Den Dutt toupieren

Ein schiefer Blick, ein falsches Wort oder nur schlechte Laune:
Es braucht nicht viel, dass zwei, die sich so gar nicht füreinander
interessieren, plötzlich in den Ring steigen. Um »Streit aufzu-
stellen« (στήνω καβγά – *stíno kawgá*), wie die Griechen sagen,
ihn also vom Zaun zu brechen, reicht es etwa in England schon,
jemanden »den falschen Weg hochzurubbeln« (*rub somebody up
the wrong way*). Zugegeben: Wer einen Briten rubbelt, ist sel-
ber Schuld, aber ahnen lässt sich das ja wohl nicht. Doch nun ist
es zu spät, der Ärger ist da und »Kain beschworen« (*raise Cain*).
Den Geist des gebrandmarkten biblischen Brudermörders zerren
Amerikaner schon seit dem 19. Jahrhundert immer dann auf die
Bühne, wenn einer Unruhe stiftet.

Kommen zwei englische Streithähne erst mal zur Sache, dann
lassen sie »den Pelz fliegen« (*make the fur fly*). So ähnlich scheinen sich das auch die Polen vorzustellen, wenn sie sagen, dass
sie bei einer Auseinandersetzung – rein metaphorisch versteht
sich – »Katzen zerreißen« (*drzeć koty*). Bei einigen Europäern
muss dagegen bei einer Reiberei so mancher Vogel Federn lassen. In Norwegen »rupfen« sie wie wir »ein Huhn« (*ha en høne
å plukke med noen*), während man sich nebenan in Schweden an
»einer Gans« austobt (*ha en gås oplockad med någon*) und Briten früher schon mal »eine Krähe« kahl machten (*have a crow
to pluck with someone*). Mittlerweile ist die Übung außer Mode,
möglicherweise, weil sie inzwischen zankend am liebsten »einen
Knochen abnagen« (*have a bone to pick with someone*). Bei diesen
Kindereien machen Holländer nicht mehr mit. Sie haben sich,
ganz erwachsen, darauf geeinigt: Sollte es, was so gut wie nie der

Fall ist, zu kleineren Meinungsverschiedenheiten kommen, dann wird gemeinsam »ein Apfel geschält« (*met iemand een appeltje te schillen hebben*). Kleiner Scherz. Einen handfesten Knatsch würden auch sie sich nie entgehen lassen. Und wenn sie einander »an den Stock kriegen« (*het aan de stok krijgen*), verspricht das einen griffigen Schlagabtausch. Dabei sind sie – europaweit – noch nicht einmal von der übelsten Sorte, wenn es um die gewaltvolle Rede vom Streit geht. Italiener begegnen sich etwa im Clinch »bei den kurzen Messern« (*essere ai ferri corti con qualcuno*), und auch Polen kommen sich bei handgreiflichen Differenzen näher und gehen miteinander »auf's Messer« (*być z kimś na noże*). Bei den meisten anderen scheint man es etwas gesitteter anzugehen, aber schmerzhaft wird es auch für sie. Ebenso gottesfürchtige wie sündige Spanier würden beispielsweise bei Zwistigkeiten einander giftig »am Birett ziehen« (*tirarse los bonetes*) – jener Mütze der Geistlichen, die aussieht wie eine McDonalds-Pappschachtel mit Bommel oben drauf –, nur um sich anschließend noch »Sachen an den Kopf zu schmeißen« (*tirarse los trastos a la cabeza*). In Portugal haben Zankende miteinander nur »eine Gräte« (*ter uma espinha com alguém*), doch an der richtigen Stelle dürfte auch sie ihr Werk vollbringen. Auf Krawall gebürstete Franzosen wiederum »fressen sich die Nase« (*se bouffer le nez*), wenn sie »einen Zahn gegeneinander haben« (*avoir une dent contre quelqu'un*). Übrigens ist es auch für Franzosen ein vertrautes Gefühl, sich – wie Deutsche es tun – in den Haaren zu liegen, denn im heftigen Wortwechsel würde man seinem Gegenüber schlicht »den Dutt toupieren« (*se crêper le chignon avec quelqu'un*). Gleichwohl liegt nahe, dass auf diese Weise vor allem Frauen Reibereien beilegen, weshalb ein anständiger Zickenkrieg auch *crêpage de chignon* heißt. In England wird daraus übrigens ein »Hühnerkampf«

(*chick fight*) und in Spanien ein »Katzenstreit« (*pelea de gatas*). Bilder mit Symbolcharakter.

Ob zwei, die sich fetzen, nun wirklich »schwebende Rechnungen haben« (*avere dei conti in sospeso con qualcuno*), wie ein Italiener behauptet, interessiert, sobald sie einander am Wickel haben, niemanden mehr. Der Weg ist doch das Ziel und Streiten eine heiß geliebte Leidenschaft. Daher kann kein Zweifel daran bestehen: Wer Krach will, der bekommt ihn auch. Einfach »drei Pfoten an der Katze suchen« (*buscarle tres patas al gato*), wie es Spanier tun, und das Haar in der Suppe wird sich finden. Und begeisterte Anhänger für einen herrlich kleinlichen, ausdauernden und möglichst sinnentleerten Zwist gibt es überall. Spanier erfreuen sich an einer Debatte darüber, »ob Windhund oder Jagdhund« (*discutir si son galgos o podencos*), die einer Fabel zufolge zwei Hasen auf der Flucht vor ein paar Tölen führten. Als sie sich jedoch derart ins Gespräch vertieften, dass sie stehenblieben, war die Hatz vorbei. Griechen können stundenlang »um das Hüpfen einer Wanze streiten« (*καβγαδίζω για ψύλλου πήδημα – kawgadíso jia psíllu pídima*). Um »den Schatten eines Esels« (*περί όνου σκιάς – perí ónu skiás*) zanken sie sogar schon seit Jahrhunderten. In der bereits in der Antike bekannten Geschichte streiten sich ein Zahnarzt und ein Eselstreiber darum, ob der Arzt mit dem Esel auch dessen Schatten gemietet hat, in dem er sich ausruhen will, oder ob er dafür nachzahlen muss. Eine Lösung gibt es bis heute nicht. Italiener lassen wiedrum heraushängen, dass bei ihnen der Papst wohnt und »diskutieren über das Geschlecht der Engel« (*discutere sul sesso degli angeli*), eine der beliebtesten Übungen mittelalterlicher Theologen. Allerdings können das die Franzosen ebenso (*discuter sur le sexe des anges*), aber die hatten ja in Avignon auch schon ein paar (Gegen-)Päpste. Mit denen, egal ob nun aus Rom oder Avignon, haben Finnen gar nichts am Hut und deshalb gilt bei ihnen ein Disput ohne Sinn als »Streit über den Bart des Papstes« (*riidellä paavin parrasta*). Apropos Haare: In Italien kennt man seit den Tagen des Dichters Horaz das Gerangel um »die Ziegenwolle« (*disputare della lana caprina*, lat. *rixatur de lana caprina*). Und da die Frage, ob das struppige Haar des Gehörnten nun Wolle ist oder nicht, weiterhin unbeantwortet ist, erfreut sich auch die Wendung ungebrochener Beliebtheit. So sehr, dass wohl auch Holländer einen Abkömmling des Ausdrucks verwenden dürften, wenn sie sagen »viel Geblöke und wenig Wolle« (*veel geblaat en weinig wol*).

Die Vorsteher müßiger Zankerei sind aber, fragt man die Franzosen, wir. Und genau darum nennen sie einen überflüssigen Zwist auch konsequent »deutsche Streiterei« (*querelle d'Allemand*). Nun denn.

Nimm einen Mund voll Wasser!

In Europa wird geredet, ständig, ohne Unterlass. Und das ist gut so. Ein guter Anfang, um einander zu verstehen. Aber klappt das auch? 2011 gab es in der Europäischen Union 23 Amtssprachen, und der Übersetzerdienst der EU übersetzte mehr als zwei Millionen Seiten Text – für insgesamt 300 Millionen Euro. Da schleicht sich doch die Vermutung ein, dass in der einen oder anderen Debatte – griechisch gesprochen – »der Koffer weit geht« (πάει μακριά η βαλίτσα – *pái makriá i walítsa*) und das Palaver etwas weitschweifig wird. Und hier können die Parlamentarier vom Volk noch etwas lernen: Sollte da irgendeiner mächtig »durch den Ellenbogen reden« (*hablar por los codos*), wie die Spanier sagen, gilt es, hart durchzugreifen, anstatt dem sprudelnden Wasserfall noch zu applaudieren.

Und es geht doch! Dem Schwafler beherzt »an den Hals springen« (engl. *jump down someone's throat*), »das Maul abdichten« (ital. *turare la bocca a qualcuno*) oder »schnüren« (niederl. *iemand de mond snoeren*) und zur Sicherheit noch »vernageln« (frz. *clouer le bec à quelqu'un*). Wem dieser Weg, jemandem das Maul zu stopfen, zu brachial klingt, der kann es weiter mit reden versuchen. Auf jeden Fall müssen deutlichere Töne her! Wer lange quatscht, dem muss man kurz antworten, denn die klarste Botschaft ist auch die kürzeste. »Deine Fresse!« (*Ta gueule!*), sagen Franzosen. »Schließ sie!« (*La ferme!*) geht auch. In aller Ausführlichkeit – »Schließ deine Fresse!« (*Ferme ta gueule!*) – wäre die Aufforderung fast schon höflich. (Falls Sie es in Paris mal probieren wollen, sei angemerkt: Unfreundlich ist es trotzdem! Suchen Sie sich also lieber jemanden, der Sie nicht ohne Probleme in der Seine versenken könnte.) Auf den Punkt bringen die Botschaft andere freilich auch: In England heißt sie *Zip it!*, was sich leider nur überlang als »Mach den Reißverschluss zu!« übersetzen lässt. Und Griechen reicht die viel versprechende Aufforderung zu »platzen« (*Σκάσε!* – Skáse!).

Einen wohlgeformten »Halt's Maul!«-Standard gibt es natürlich überall und er vollbringt solide sein Werk. Ob »Klappe wieder!« (*Klapp igjen!*) in Norwegen, »Halt den Kiefer!« (*Håll käften!*) in Schweden, »Schließ den Schnabel!« (*icierra el pico!*) in Spanien oder »Rüssel zu!« (*Zamknij ryj!*) in Polen: In der Regel geht Deutlichkeit vor Ideenreichtum. Man muss schon zweimal hinhören, um die Perlen der zugleich treffsicheren wie humor-

vollen Aufforderungen, doch endlich ruhig zu sein, zu entde-
cken. Bei den Portugiesen zum Beispiel: Wenn ihnen einer »die
Ohren vollsummt« (*прожужжа'ть кому'-л. все у'ши – prazhuzhzhat' kamu liba wse uschy*), wie ein Russe sagen würde, legen
sie ihm – jedenfalls wörtlich – eine »Rinne ans Maul!« (*Cale a
boca!*) und der Schwall versiegt von selbst. Verlass ist auch auf
die Engländer, denen so einige drastische Vergleiche zur Verfügung stehen, um jemanden zum Schweigen zu bringen, der
»das hintere Bein eines Esels abquatscht« (*talk the hind leg off a
donkey*). Wer ein einfaches »Trockne aus!« (*Dry up!*) oder das
blumigere »Schneid das Gackern!« (*Cut the cackle!*) nicht verstanden hat, dem blüht die Aufforderung, sein »Kuchenloch zu
schließen!« (*Shut your cake hole!*) oder eine »Socke reinzutun«
(*Put a sock in it!*). Als Mittel der letzten Instanz dürfte die Zuhil-
fenahme der englischen Allzweckwaffe *fuck* gelten: *Shut the fuck
up!* – »Schließ verfickt nochmal zu!«

Italiener, denen man ja ein äußerst fleißiges Mundwerk nach-
sagt, verfügen ebenfalls über sehr anschauliche Aufforderungen,
die Redeluke zu schließen. Wollen sie einem »das Maul zunä-
hen« (*cucire la bocca a qualcuno*), lassen sie ihn wissen, er möge
doch endlich »den verdammten Ofen« (*Chiudi quella maledetta
fornace!*) oder, noch drastischer, »das Tor zur Hölle schließen«
(*Chiudi la porta dell'inferno!*). In Griechenland klingt die Ansa-
ge zum Luftanhalten wie die Einführung in einen Strick-, Stick-
und Nähzirkel. Hier heißt es nämlich: »Schneid es ab!« (*Κόφ'
το! – Kóf' to!*), »Stopf es!« (*Βούλωσ' το! – Wúlos' to!*) oder »Näh
es!« (*Ράψ' το! – Ráps' to!*). Zu, versteht sich. Holländer bedienen
sich zwar in der Regel eines simplen *Houd je bakkes!*, »Halt die
Backen!«, wenn ihnen jemand einen »Klapphut verkauft« (*klap-
hout verkopen*), also kein Ende findet, wie sie es offensichtlich

von Vertretern erwarten. Hat er aber »eine Klappe wie ein Heuschuppen« (*hij heeft een bek als een hooischuur*) und lässt sich davon nicht beirren, greifen sie schon mal etwas tiefer in die Kiste und sagen: »Noch ein Wort und ich hau dir auf den Kopf, dass du durch die Rippen guckst wie der Affe durchs Gitter.« (*Nog een woord en ik sla je zo hard op je kop dat je door je ribben kijkt als een aap door de tralies.*) Doch spätestens hier betreten wir die Welt des Schmerzes – und davon soll anderswo die Rede sein.

Nein, es geht auch mit ein wenig Hinterlist – und viel Humor. Möglich ist beispielsweise, einen italienischen Laberkopf wissen zu lassen, er solle »reden, wenn Hühner pissen« (*tu parla quando pisciano le galline*). Wenn er dann herausfindet, dass das nie der Fall ist – denn ein Huhn hat nur einen Hinterausgang für alles, was es loswerden will –, kann er lachen oder toben, hat aber hoffentlich einen Moment geschwiegen. Auf den ersten Blick so gar nichts einwenden lässt sich auch gegen den jiddischen Rat: »Nimm einen Mundvoll Wasser!« (*Nem on a fuln moyl vaser!*) Und der Erfolg ist durchschlagend.

Lügen wie ein Zahnklempner

Es mag ja schön sein, wenn der strahlende Prinz seiner Angebeteten verspricht, ihr die Sterne vom Himmel zu holen. Aber lediglich davon zu reden, bringt nicht mal ein Sternchen. Wenn der französische Charmeur ihr nur »den Mond verspricht« (*promettre la lune a quelqu'un*) und auch sein spanischer Kontrahent nicht mehr vermag, als ihr »Gold und Mauren zu versprechen« (*prometer el oro y el moro a alguien*), sind beide nichts mehr als Dampfplauderer. Und die verteilen reichlich. In Griechenland gibt es »Lügen kiloweise« (λέω ψέματα με το κιλό – *léo psémata me to kiló*), in Italien »einen Sack« voll (*dire un sacco di bugie a qualcuno*). Finnen erweisen sich als derart dienstfertig, dass sie einem Ahnungslosen »Lügen füttern« (*syöttää jollekulle valheita*). Ähnliches winkt auch von einem Engländer, der eifrig »Schweinchen« verteilt (*tell porkies*). Irgendein Spaßvogel hat sich damit in den 1990er Jahren ein Wortspiel erlaubt – eine absurde Freizeitbeschäftigung der Briten –, als er feststellte, dass sich *pie*, die »Pastete«, auf *lie*, die »Lüge«, reimt. Und unter den Pasteten war wohl die »Schweinepastete« (*pork pie*) die nächstliegende Wahl, denn im Grunde genommen ist doch jede Lüge eine kleine Schweinerei. Irgendwann blieb dann von dem Trio *pork pie lie* nur noch das »Schweinchen« (*porky*) übrig.

Aber was ein guter Lügner ist, der kann noch viel mehr. Dass sich bei uns im Angesicht einer gekonnten Flunkerei die Balken biegen, lässt im Konzert der Könner keinen erblassen. Immerhin schwindelt ein Holländer schon »durch eine Eichenplanke« (*liegen door een eikenplank*). In Polen wird geflunkert »bis es hinter einem qualmt« (*łgać aż się za kimćkurzy*) und Finnen »lügen, dass die Ohren schlackern« (*valehdella niin että korvat heiluvat*). Ein russischer Bauernfänger versteckt sich auf der Weide, wo er als »aschgrauer Wallach« auf seine Opfer zu warten scheint (*врать как сивый мерин – wrat' kak siwyij mjerin*). Sogar für ein paar kleine Wunder reicht es, behaupten jedenfalls die Lügner. Denn während ein Engländer »die Vögel aus den Bäumen zaubert« (*charm the birds out of the trees*), lügt ein Tscheche, »bis der Berg grün wird« (*lhát, až se hory zelenají*).

Leider sind jedoch in der Regel Lügner wie Lügen äußerst gewöhnlich, allenfalls gemein. Also fallen Sie nicht auf diese Schwindler herein! Wie man sie erkennt? Ganz einfach: Ein Spanier lügt, wenn er es gar zu weit treibt, »mit den Ellenbogen« (*mentir por los codos*), das sollte man nicht übersehen können. Unverfrorene versuchen es sogar »mitten durch den Bart« (*mentir por la mitad de la barba*). Und wenn man den Wendungen übers Lügen Glauben schenken darf, gibt es ein paar, die es etwas toller treiben als andere. In England kann man jenen aufs Maul schauen, die »lügen wie ein Landsknecht« (*lie like a trooper*), ehe man die Begegnung mit einem Spanier wagt, der mogelt »wie ein Kosacke« (*mentir como un cosaco*). Für Schweden muss man schon »lügen wie ein Bürstenbinder« (*ljuga som en borstbindare*), um zu den Bösen der Zunft zu gehören. Allerdings scheinen die Nordlichter etwas gegen das fahrende Volk der Schrubbermacher zu haben, denn auch beim »Saufen« (*supa som en borstbindare*) und beim »Schimpfen« (*svära som en borstbindare*) dienen sie als Messlatte. In Acht nehmen sollte man sich zudem vor »Anwälten«, denn – jedenfalls in Holland – flunkert keiner so wie sie (*liegen als een advocaat*).

Was aber ist in die Franzosen gefahren, wenn sie behaupten, einer, der schamlos das Blaue vom Himmel erzählt, »lüge wie ein Zahnklempner« (*mentir comme un arracheur des dents*)? Immerhin zeigt sich, wenn man genauer hinsieht, dass die Wendung keine Rache fauler Zähneputzer ist. Vielmehr weist sie zurück auf eine Zeit, in der man nur zum Zahnarzt ging, wenn die Beißerchen schon nicht mehr zu retten waren. Anästhesie gab es damals noch nicht, sieht man von einem Vollrausch oder einem Schlag mit der Keule ab, und so waren Schmerzen unvermeidlich. Um ihre Patienten dennoch auf den Stuhl zu kriegen, war den mehr oder weniger qualifizierten Zahndoktoren natürlich jedes Mittel recht, auch die Lüge, dass es bestimmt nicht wehtun wird …

Manchmal fliegen sie dann aber doch auf, die Schummler, Aufschneider, Schaumschläger: Wie in Holland. Sollte hier einer seine Geschichte so sehr übertreiben, dass sie selbst die Gutgläubigsten nicht mehr schlucken können, dann lügt er »wie ein Andachtsbildchen« (*liegen als een bidprentje*). Durchaus eine charmante Form der Religionskritik.

Geh gucken, ob ich dort bin!

Wer verstanden werden will, muss deutlich sprechen. Das gilt auch für die mehr oder weniger höflich vorgetragene Bitte, sich zu entfernen – und zwar so schnell und so weit weg wie möglich. Um tatsächlich »jemanden aufs Land zu schicken« (*mandare qualcuno a quel paese*), wie der fromme Wunsch, jemand möge sich zum Teufel scheren, in Italien genannt wird, braucht es klare Worte. Und die lieben wir doch alle!

Lästige »zu allen Teufeln zu schicken« (*убирайся ко всем чертям! – Ubirajsja ka wsem tchertjam!*), wie es Russen tun, wirkt inzwischen etwas altbacken. Zugegeben, es kommt Leben in das Bild, wenn Schweden es zu einem »Fahr zur Hölle und fick den Teufel!« (*Dra åt helvete och knulla djävulen!*) aufblasen, aber mal ehrlich: Das geht doch besser, oder?

Unliebsame werden verschickt, dass es nur so kracht. Am besten ohne Rückfahrschein, weshalb Griechen zu einem, den sie loswerden wollen, auch sagen, er möge »zum nicht Wieder-kehrenden gehen« (*Στον αγύριστο! – Ston ajíristo!*). Holländer schicken jemanden, der nervt, zum Sitzen »schnell aufs Dach« (*Ga nu maar gauw op het dak zitten!*), besser wäre noch, er liefe gleich »zum Mond« (*Loop naar de maan!*). Eigentlich aber ist das Ziel ja völlig egal, Hauptsache der Kerl ist weg! Und da bietet die spanische Wendung: »Geh nimm den Wind!« (*ivete a tomar viento!*) wahrlich gute Aussichten auf Nimmerwiedersehen.

Doch derart freundliche Zurückhaltung ist nicht immer ge-boten. Wenn es sein muss, legen alle noch eine Schippe drauf. »Krebs ab!« (*Kanker op!*), ruft ein Holländer und hat damit kei-neswegs den Rückwärtsgang des Schalentiers im Sinn. Die nie-derträchtige Leidenschaft der Niederländer, anderen Krankheiten an den Hals zu wünschen, begleitet diese sogar zur Tür hinaus. Und wer gesund die Treppe erreicht, den schicken sie bestimmt »zum Galgen« (*Loop naar de galg!*). Freilich darf, wenn unheilige Wünsche am Werke sind, einer nicht fehlen: der Arsch. Ein »Geh ins Arschloch!« (*Farðu í rassgat!*) kann man sogar in Island noch hören und für ein »Geh zur Scheiße!« (*ivete a mierda!*) ist sich ein Spanier nie zu schade. Noch schmutziger wird es nur, wenn Sex ins Spiel kommt. Briten geben sich in der Regel mit einem simplen »Verfick dich!« (*Fuck off!*) zufrieden, aber da fangen an-dere gerade erst an. Das italienische *Vaffanculo!*, die Kurzform von *Vai a fare in culo!*, ist der klare Auftrag zur Sodomie. Wer sich weigert, den fordern sie auf, zumindest seinen »Schwanz zu heben« (*Levati dal cazzo!*) und seine Eier wegzutragen« (*Porta via i coglioni!*) – und »zur Möse zu gehen« (*Vai in mona!*). Wer sich jetzt noch nicht rührt, muss taub sein.

Damit hier kein falsches Bild entsteht: Europäer machen durchaus konkrete Vorschläge, was die vom Hof Gejagten so alles machen könnten. Tierpflege zum Beispiel. Vom Griechen »zur Krähe« beordert (*Στον κόρακα! – Ston kóraka!*), könnte man – nach Meinung der Portugiesen – genauso gut »Makaken kämmen« (*Vai pentear macacos!*) oder »den Hund waschen gehen« (*Vai lavar o cão!*). Polen wiederum fordern den Unseligen Tropf dazu auf, sich von dem Kläffer »treten« zu lassen (*Pies cię trącał!*). Immer noch besser als beißen. Im plattdeutschen Land ist man bodenständiger und schickt Lästige »nach Hause, die Hühner melken« (*Gah na Huus un melk de Höhner!*). Das Highlight dieser paneuropäischen Safari ist allerdings fraglos der russische Vorschlag, »einem Elefanten die Eier schaukeln zu gehen« (*Иди слону яйца качать! – idi slanu jajtsja katchat'!*). Was wäre das für eine Sensation beim nächsten Diaabend!

Aber auch Pflanzenfreunde bekommen, zum Pfeffer geschickt, was geboten. Portugiesen raten Zeitgenossen, derer sie überdrüssig werden, ohne Umschweife, »Kartoffeln pflanzen zu gehen« (*Vai plantar batatas!*). Spanier zeigen sich einfallsreicher und schicken unfreiwillige Hobbygärtner »Schnittlauch jäten« (*¡anda, vete a escardar cebollinos!*). Wer dann noch nicht genug hat, soll »Spargel braten« (*¡vete a freír espárragos!*). Zum »Pfeffer« wird man übrigens nicht nur von Deutschen, sondern auch von Polen geschickt (*Wynoś się gdzie pieprz rośnie!*), und die müssen es wissen. Kann man doch bei unseren östlichen Nachbarn nicht nur beim Sex wörtlich »pfeffern« (*pieprzyć*), sondern auch beim Ohrfeigen und wenn man Mist erzählt oder etwas versaut. Ein gewürztes Volk, diese Polen.

Für alle, die jetzt noch gelangweilt auf ihren Stühlen sitzen und nichts zu tun haben – Was, Sie sind nicht beim Elefanten? –, bleibt der Blick in die Wundertüte. Denn die Fantasie der Europäer kennt so gut wie keine Grenzen, wenn es um einen absurden Vorschlag geht, was man – möglichst woanders! – alles tun kann. »Ins Wasser furzen, um Blasen zu machen« (*faut péter dans l'eau pour faire des bulles*) finden Franzosen gut. Einfach nur »ein Ei kochen« (*Va te faire cuire un oeuf!*) aber auch. Finnen empfehlen eine »Skifahrt in eine Möse« (*Suksi vittuun!*) – kein Scherz! –, und Engländer einen »Flug mit dem Drachen« (*Go fly a kite!*). In Holland, dem europäischen Mekka der Strampelei auf zwei Rädern, soll man »Fahrräder stehlen gehen« (*Ga fietsen stelen!*). Und Franzosen laden, auf Nimmerwiedersehen, zum freundschaftlichen Hase-und-Igel-Spiel ein, wenn sie sagen: »Geh gucken, ob ich dort bin!« (*Va voir là-bas si j'y suis!*)

Ich lass dich grüne Mäuse sehen!

Wenn der Vater mit dem Sohne ... Eigentlich ein idyllisches Bild. Aber ab und zu, wenn der Sprößling nicht spurt, da gibt es kein Vertun, muss auch mal erzogen werden. Dann steigt der Pater familias seinem Filius gestreng aufs Dach, holt die Gardinenpredigt heraus und liest ihm die Leviten. Wenn man sich in Europa umschaut, wie er ihm dann – niederländisch gesprochen – »den Wind von vorn gibt« (*iemand de wind van voren geven*), wird man den Eindruck nicht los, dass die moralische Läuterung weniger ein Vortrag als der Gang in eine Waschanlage ist. Hier eine kleine Zusammenstellung: Vor den Spülvorgang setzen die Franzosen die Grobreinigung. Sie würden dem unverschämten Bengel, der all das bestimmt verdient hat, erst einmal »die Flöhe schütteln« (*secouer les puces à quelqu'un*). Anschließend geben sie ihm, im Guten, »eine Seife« (*passer un savon à quelqu'un*). Ein gesunder Geist wohnt in einem gesunden Körper, hat mal irgendwer behauptet. Das haben wir nun davon. Sogar in Spanien ist das Reichen »einer Seife« (*dar un jabón a alguien*) das Symbol für eine verbale Abreibung. Allerdings gilt es genau aufzupassen, was man sagt: Wer nicht eine, sondern nur »Seife gibt« (*dar jabón a alguien*), schmiert dem Glücklichen nämlich eher Honig ums Maul. Ein Bild, das mit dem »Weichseifen« (*soft-soap someone*) auch die Briten kennen. Und nun kann es losgehen: Als hätten sie sich abgesprochen, widmen sich die Europäer mit aller Strenge dem Ungezogenen. Jeder auf seine Art. Russen etwa »seifen ihm den Hals ein« (*намылить шею* – *namúlit' schéju*). Franzosen (*laver la tete à quelqu'un*), Polen (*zmyć komuś głowę*) und Italiener (*fare una lavata di capo a qualcuno*) halten es wie die Deutschen und »waschen ihm den Kopf«. Holländer hingegen finden – eigentlich sehr vernünftig –, man sollte es »mit den Ohren« probieren (*iemand de oren wassen*). Griechen indes geben ihm das Komplettpaket, wenn sie den Rotzlöffel »in Beleidigungen duschen« (*λούζω κάποιον στο βρίσιμο* – *lúso kápion sto wrísimo*). Abschließend wird dem Schlawiner noch der Kopf zurechtgerückt, wobei ihm Spanier »die Wolle toupieren« (*cardarle la lana a alguien*) und Norweger »den Hut passend« machen (*få så hatten passer*). Einen Gegentrend gibt es aber doch: Manchmal nämlich machen Griechen den frechen Lümmel einfach (wieder) »zum Lumpen« (*κάνω κάποιον κουρέλι* – *káno kápion kuréli*) oder gar »zu einem Stück Müll« (*κάνω κάποιον σκουπίδι* – *káno kápion skupídi*). Na, dann kann es ja von vorn losgehen!

Ein anderer beliebter Weg, dem Nachwuchs zu zeigen, wo es langgeht, sind ein ein paar freundliche, aber bestimmte Takte – gesungen, gesprochen, gelesen. Das Repertoire ist bunt. In Spanien etwa, wo man jemanden runtermacht, indem man ihn »wie den Rock des Schulmeisters behandelt« (*poner a alguien como chupa de dómine*), ist es üblich, einem, den es zu maßregeln gilt, »die vierzig zu singen« (*cantar las cuarenta a alguien*). Damit ist freilich kein Tadelgesang in endlos vielen Strophen gemeint. Jene »vierzig« sind die maximale Punktzahl in einem spanischen Kartenspiel, die jener Spieler laut ausruft, der eine bestimmte Kartenreihe sammeln konnte. Eine »Vierzig!« der Mitspieler lernt man folglich fürchten und sie ist im Laufe der Zeit auch über die Grenzen des Kartentischs hinaus zum Symbol für das geworden, was man nicht gern hört. Gesungen wird einem Ungehörigen übrigens ebenso in Griechenland, auch wenn es – etwas orthodoxer – »Psalme« sind (*του τα ψέλνω* – *tu ta psélno*). Ein Franzose wiederum sagt ihm »seine vier Wahrheiten« ins Gesicht (*dire ses quatre vérités à quelqu'un*). Sollte das, Wahrheit hin oder her, nicht ziehen, bleibt noch, »ihm die Glocken zu läuten« (*sonner les cloches à quelqu'un*). Meinen es Russen hingegen gut mit einem Zögling und wollen ihm ohne allzu laute Töne ein paar Lektionen des Lebens vermitteln, nehmen sie ihn beiseite und »zeigen ihm, wo die Krebse den Winter verbringen« (*я тебе покажу, где раки зимуют* – *ja tjebe pakazhu gde raki zimujut*). Um die zu fangen, muss man schließlich ins kalte Wasser springen – das nimmt einem niemand ab –, da lohnt es, wenigstens zu wissen, wo. Sogar in England wird bei der Gardinenpredigt (vor)gelesen (*read somebody the riot act*). Dabei ist ihr *riot act*, was sich in etwa mit »Krawallgesetz« übersetzen lässt, alles andere als ein Himmelswort. 1715 eingeführt, wurde das Papier verlesen, wenn die Obrigkeiten wünschten, das Volk möge die übermäßige Grüppchenbildung unterlassen und nach Hause gehen, anstatt zu protestieren, zu plündern und nach Freiheit zu schreien. Wirklich geholfen hat es eigentlich nie, weshalb hinter dem Vorlesenden stets königliche Truppen standen. 1919 hörte man den *riot act* in Großbritannien zum letzten Mal, aber erst 1973 wurde er formal außer Kraft gesetzt. Bei der Moralpredigt am häuslichen Küchentisch – ohne Soldaten – und in der Redewendung ist er noch heute überaus lebendig.

Ach, wenn doch nur alle Belehrungen so friedlich wären. Denn zumindest dem Klang nach geht es in Europa hin und wieder weitaus brachialer zu. So kriegt ein Gemaßregelter holländischer Lausbub schon mal »einen Wisch aus der Pfanne« (*een veeg uit de pan krijgen*) und Italiener »erniedrigen ihn in den Staub« (*ridurre qualcuno in polvere*). Und während Portugiesen für gewöhnlich dem armen Kerl »die Haut abziehen« (*tirar a pele a alguém*), ledern Spanier ihm »mit der Peitsche den Arsch ab« (*quitar a alguien el culo a azotes*). Aber mal ehrlich: Wir sind nicht besser, zerren wir ihm doch immerhin das Fell über die Ohren! Einen hartgesottenen Engländer kann das nicht schrecken. Bei einer richtigen Standpauke, die sie »Zungen-Peitschenhieb« nennen (*give someone a tongue-lashing*), »kommen« sie auf den armen Tropf »herunter wie eine Tonne Ziegelsteine« (*come down on someone like a ton of bricks*) – und machen sich »aus seinen Eingeweiden einen Gürtel« (*have someone's guts for garters*).

Allerdings gibt es den einen oder anderen Denkzettel, den einzufangen man riskieren könnte. Sollte ihnen jemand auf Spanisch sagen, er wolle »die Hunde auf sie loslassen« (*echar a alguien los perros*), dann lohnt es sich, nach seiner Herkunft zu fragen. Denn Spanier kündigen damit ein paar böse Worte an, für Südamerikaner hingegen bedeutet es eine Form der spielerischen Annäherung. Um keinen Preis aber würde ich es mir entgehen lassen, wenn ein Italiener verspricht, er »werde mich grüne

Mäuse sehen lassen« (*fare vedere i sorci verdi a qualcuno*). Die nämlich konnte man einst – als Dreierpack gemalt – auf den Flugzeugen einer italienischen Fliegerstaffel finden, die dank ihrer überlegenen Motoren in den 1930er Jahren so manchen (sportlichen) Wettflug für sich entschied und ihre Gegner das Fürchten lehrte. Als eine andere Staffel sie dann doch irgendwann schlug, legte diese sich prompt den Spitznamen »die schwarzen Katzen« (*gatti neri*) zu. Sie mögen einmal geschnappt worden sein, doch die drei grünen Mäuse sind berühmt geblieben, bis heute.

Sprich mit meinem Arsch, mein Kopf ist krank!

Hat Ihnen schon mal jemand »Quatsch mit Oregano« erzählt (κολοκύθια με τη ρίγανη – *kolokíthia me ti rígani*)? In Griechenland kriegen Sie den geboten, so wie Ihnen ein Franzose was aus der »Hirtenpfeife« (*c'est du pipeau*), ein Finne »Scheißbeeren« (*paskanmarjat*) und ein Portugiese eine »Eselsherde« (*burrada*) einschenken wird, wenn Sie sie nur lassen. Blödsinn wird überall produziert. Nur hören will ihn keiner. Umso erboster geben sich unsere Nachbarn, wenn sie ihn trotzdem aufgetischt bekommen. Einem Polen, der »drei mal drei flicht« (*pleść trzy po trzy*), also nur dummes Zeug erzählt, rufen seine Landsleute daher stinkig zu: »Du pfefferst mal wieder hungrige Stückchen!« (*Znowu pieprzysz głodne kawałki!*)

Meist geht es aber schnell ans Eingemachte. Setzt jemand einem Holländer eine »Erbsensuppe« vor (*Dat is snert!*), dürfte er sie mit den Worten »Fotze mit Birnen!« (*Kut met peren!*) abtun.

Ein Kommentar, der Anerkennung finden könnte, vor allem bei den Südländern. Denn hier wird eine gehörige Portion Schmarrn gern unter der Gürtellinie kommentiert. So würde ein Italiener einem »Eiererzähler« (*raccontapalle*), der den ganzen Tag nur »Schwanzheiten abfeuert« (*sparare cazzate*), mit einem knappen: »Was für Eier!« (*Che palle!*) – also: »Was für ein Quatsch!« – den Schnabel vernageln. Und auch Spanier kontern französische »Mösereien« (*conneries*) gern mit den Worten: »Mach mir nicht das Ei!« (*¡no me hagas la pelota!*) Von den Portugiesen heißt es übrigens, ihnen komme angesichts einer wenig glaubwürdigen Geschichte folgender Satz über die Lippen: »Schön, schön, es schlagen die Eier an die Möse!« (*Bonito, bonito são os colhões a bater no pito!*) Hin und wieder spuckt ihn ein Forum in den WWW-Weiten aus, aber hören dürfte man diese Ungeheuerlichkeit von den so höflichen Portugiesen eher selten.

Natürlich verfügt auch das Englische über vulgären »Schwachsinn«. »Bullenscheiße!« (*Bullshit!*) oder »Hundeeier!« (*Dog's bollocks!*) kommen einem Briten schon mal über die Lippen, wenn ihm ein Finne »Pferdescheiße« (*hevonpaska*) eintrichtern will. Eigentlich aber ist englischer Quark Ehrensache. Denn was so richtiger Nonsens ist, der sollte vor allem zwei Dinge tun: Nach viel klingen und nichts bedeuten. Und das tun sie: *Skimbleskamble, gobbledygook, piffle, flim-flam.* Einige der beliebtesten dieser Begriffe haben mittlerweile Kultstatus ereicht. Und die Jagd auf ihre Bedeutung, zumindest aber auf ihre Herkunft ist in vollem Gange. *Poppycock* zum Beispiel, von dem es heißt, es komme aus dem Niederländischen und lasse sich als »Puppenscheiße« übersetzen. Oder *falderal*, das im 19. Jahrhundert, noch als *fal de ral*, in vielen Liedern als willkommener Lückenfüller in Refrains auftrat, ehe es endgültig zum Kokolores aufstieg. Oder das rekordverdächtig unsinnige »all mein Auge und Betty Martin« (*all my eye and Betty Martin*), das sich bis heute erfolgreich allen Erklärungsversuchen widersetzt hat.

Ein ähnliches Spiel spielen auch Holländer schon lange, die, was ihnen so gar nicht glaubhaft erscheint, mit vollendetem Stuss kontern. Wie etwa dem Satz: »Das schließt wie eine Haspel in einem Sack.« (*Dat sluit als een haspel in een zak.*) Ein Vorbild, das fleißig Schule gemacht hat. Inzwischen »schlägt« schon mal »eine Giraffe auf ein Motorrad« (*dat slaat als een giraffe op een motor*) oder »ein Kanarienvogel auf eine Kuckucksuhr« (*dat slaat als een kanarie op een koekoeksklok*).

Den vollendeten Blödsinn nennt ein Brite übrigens eine *cock-and-bull-story*, eine »Hahn-und-Bullen-Geschichte«. Anders als man erwarten sollte, ist es nämlich keine schweinische Angelegenheit, der *cock* tatsächlich nur ein gefiederter Kammträger. Dabei ist das Histörchen dermaßen erstunken und erlogen, dass sogar seine zumeist erzählte Herkunft erfunden ist. So behaupten nämlich die Bewohner des Städtchens Stony Stratford in Großbritannien seit jeher, sie sei bei ihnen entstanden. An der wichtigsten Straße durch den Ort sollen sich seit dem 18. Jahrhundert die beiden Wirtshäuser *The Cock* und *The Bull* befunden haben. Und hier erzählten sich, so heißt es, die rastenden Reisegäste die wildesten und an den Haaren herbeigezerrten Geschichten – *cock-and-bull-stories* eben. Dass die Quellen einen anderen Ursprung offenbaren – nämlich alte Volkssagen, in denen magische Tiere auftraten –, hat dem Ruf der bis heute bestehenden Gasthäuser nicht geschadet. Und der Lügengeschichte schon gar nicht.

Ein gehörntes Märchen kennt man übrigens auch in Russland, und zwar das vom »kleinen weißen Bullen« (сказка про *белого бычка – skaska pra belawa bytchka*). Aber da das Symbol für eine unendlich lange, gähnend langweilige Anekdote ist, fällt sie hier besser unter den Tisch. Ohnehin sind die farbenfrohen Möglichkeiten, mit denen man in Europa einem Phrasendrescher die Luke schließen kann, viel spannender. Sollte sich ein Spanier von einem anderen löffelweise Schwachfug anhören müssen, schneidet er ihm mit »Komm mir nicht mit Vogelmiere!« (*ino me vengas con pamplinas!*) kurzerhand das Wort ab, während ein Engländer, britisch trocken, entgegnet: »Piss mir nicht den Rücken runter und sag mir, es regnet!« (*Don't piss down my back and tell me it's raining!*). Oder machen Sie's wie die Italiener: Kaut denen einer ein Ohr mit Nonsens ab, sagen sie einfach: *Grazia, Graziella, grazie al cazzo!* – »Grazia, Graziella, und danke dem Schwanz!« Besser kann man einen Dummschwätzer vielleicht nur noch in Frankreich verabschieden, wo es heißt: »Sprich mit meinem Arsch, mein Kopf ist krank!« (*Parle à mon cul, ma tête est malade!*)

Register

* Im britischen Englisch ist *arse*, im amerikanischen Englisch *ass* gebräuchlich.
   Im Buch wird durchgehend die – weltweit – bekanntere amerikanische Form verwendet.

- -

Finnisch

- -

Französisch

124

* *

Griechisch

- -

Norwegisch

Plattdeutsch

Polnisch

Portugiesisch

Rumänisch

Russisch

tch = Match; kh = Dach, ´ = Weichheitszeichen, zh = Orangerie, z = summ

Блин! – Blin!

брани'ться ху'же изво'зчика –
   branit'sja khuzhe izwostchika **64**

быть в интере'сном положе'нии –
   byt' w intiresnam palazhenii **46**

врать как си'вый ме'рин – wrat'
   kak siwyij mjerin **105**

дуби'на! – dubina **94**

Иди' слону' я'йца кача'ть! – idi
   slanu jajtsja katchat'! **109**

их водо́й не разольёшь – ikh wadoj
   ne razaljosch **86**

как об сте'нку горо́х – kak ab
   stenku garokh **60**

ме'сячные – misjatchnyje **34**

мне плева'ть на э'то – mnje pliwat'
   na äta **58**

мне чиха'ть на э'то – mnje
   tchikhat' na äta **58**

наложи'ть в штаны' – nalazhit' f
   schtany **66**

намы'лить кому'-л. ше́ю – namýlit'
   kamu-l.schéju

Не суй хуй в чай! – Ne suj khuj w
   tchaj! **62**

пойти' на пане'ль – pojti na panel'

прожужжа'ть кому'-л. все у'ши –
   prazhuzhzhat' kamu liba wse
   uschy **103**

распу'тница – rasputnitsa **50**

си'ська – sis'ka **19**

ска'зка про бе'лого бычка' – skaska
   pra belawa bytchka **117**

убира́йся ко всем чертя́м! –
   Ubirajsja ka wsem tchertjam! **107**

хрен – khren **32**

Чёрт побери'! – Tchjort paberi! **79**

Это преде'л! – Äta pridel! **54**

я те'бе покажу', где ра'ки
   зиму'ют – ja tjebe pakazhu gde
   raki zimujut **112**

Schwedisch

Det skiter jag i! **58**

Dra åt helvete och knulla
   djävulen! **107**

dumbom **94**

ha bulle i ugnen **45**

ha en gås oplockad med någon **98**

Håll käften! **102**

Jävla skit! **79**

kuk **33**

ljuga som en borstbindare **106**

mus **28**

rövhål **82**

supa som en borstbindare **106**

svära som en borstbindare **106**

tuttar **19**

Schweizerisch

Slowenisch

Spanisch

· ·

Tschechisch

Zum Weiterlesen und Nachschlagen

Aman, Reinhold: Opus maledictum. A Book of bad Words, New York 1996.

Aman, Reinhold: Bayrisch-Österreichisches Schimpfwörterbuch, München 1996.

Andersen, Stig Toftgaard: Talemader i dansk: Ordbog over idiomer, Kopenhagen 2001.

Antoniadou, Christina / Kaltsas: Lexikon der idiomatischen Redewendungen. Griechisch – Deutsch / Deutsch – Griechisch, Köln 1994.

Balzer, Berit / Moreno, Consuelo / Piñel, Rosa u. a.: Kein Blatt vor den Mund nehmen – no tener pelos en la lengua. Phraseologisches Wörterbuch Deutsch – Spanisch, München 2010.

Bárdosi, Vilmos / Ettinger, Stefan / Stölting, Cécile: Redewendungen Französisch-Deutsch: thematisches Wörter- und Übungsbuch, Tübingen 1992.

Beinhauer, Werner: 1000 spanische Redensarten: mit Anwendungsbeispielen, Übersetzungen und Register, Berlin [7]1991.

Bembridge, Richard: Europäische Redewendungen: englisch, deutsch, französisch, italienisch, spanisch. Eltville am Rhein 1991.

Beran, Margret: Hitting the Nail on the Head. 3000 Redensarten Deutsch – Englisch, Köln 2007.

Bhalla, Jag: I'm not Hanging Noodles on Your Ears and Other Intriguing Idioms From Around the World, Washington 2009.

Burgen, Stephen: Bloody hell, verdammt noch mal! Eine europäische Schimpfkunde, München 1998.

Casado Conde, María Leonisa: ¡Se dice pronto!: 1150 expresiones, modismos y frases hechas en castellano y su versión equivalente en inglés, francés e italiano, Madrid 2002.

Curse + Berate in 69 Languages, New York 2008.

Czochralski, Jan / Ludwig, Klaus-Dieter: Słownik frazeologiczny niemiecko-polski, Warschau 1999.

Devkin, Valentin: Der russische Tabuwortschatz, Leipzig u. a. 1996.

Dirty Words plattdeutsch, Freiburg im Breisgau 2000.

Dubrovin, Mark I. / Schenk, Werner: Russische idiomatische Redewendungen, Moskau [3]1987.

Ehegötz, Erika u. a.: Phraseologisches Wörterbuch Polnisch – Deutsch, Leipzig 1989.

Engeroff, Karl / Lovelace-Käufer, Cicely: An English – German dictionary of idioms: idiomatic and figurative English expressions with German translations, München ⁵1986.

Fenati, Beatrice / Rovere, Giovanni / Schemann, Hans: Dizionario idiomatico. Tedesco – italiano, Bologna 2009.

Geier-Leisch, Sabine: Das neue Schimpfwörterbuch. Witzige, unverschämte und treffende Flüche, Beleidigungen und Schimpfwörter von A–Z, Weyarn 1998.

Gulland, Daphne M. / Hinds-Howell, David: The Penguin Dictionary of English Idioms, Hamondsworth 1987.

Heuber, Hans-Georg: Talk one's head off. Ein Loch in den Bauch reden. Idioms: Englische Redewendungen und ihre deutschen ›opposite numbers‹, Reinbek ¹⁷2005.

Idioomwoordenboek: verklaring en herkomst van uitdrukkingen en gezegden, Utrecht 1999.

Johnson, Sterling: English as a Second F*cking Language, New York 1995.

Klein, Dr. Hans W.: 1000 französische Redensarten. Mit Anwendungsbeispielen, Übersetzungen und Register, Berlin ⁵1987.

Korhonen, Jarmo unter Mitarbeit von Kaija Menger und der Arbeitsgruppe Deutsch-Finnisch Phraseologie: Alles im Griff = Homma hanskassa. saksa-suomi-idiomisanakirja. Idiomwörterbuch Deutsch – Finnisch, Helsinki 2002.

Kunitskaya-Peterson, Christina: International Dictionary of Obscenities. A Guide to Dirty Words and Indecent Expressions in Spanish, Italian, French, German, Russian, Oakland 1981.

Kunz, Valerie: Rien ne va plus. 2000 Redensarten Deutsch – Französisch, Köln 2009.

Langenscheidt-Redaktion / Quinault, R. J.: 1000 englische Redensarten. Mit Anwendungsbeispielen, Übersetzungen und Register, Berlin ¹⁰1992.

Moral, Manuel / Betz, Manfred: Diccionario idiomático del español coloquial actual, Bonn 1998.

Moser, Leo: Schmutzige Redensarten. Deutsch – Englisch – Französisch – Italienisch – Spanisch – Türkisch, Frankfurt am Main 1992.

Olañeta, Pedro Álvarez / Álvarez, Trinidad Bonachera: Vaya con dios. 2000 Redensarten Deutsch – Spanisch, Köln 2009.

Panton, Peter: Get the Hang of it. 3000 Redewendungen in fünf Sprachen – Englisch, Deutsch, Französisch, Spanisch, Italienisch. Mit deutschem Register, Köln 2010.

Pfeiffer, Herbert: Das große Schimpfwörterbuch. Über 10.000 Schimpf-, Spott- und Neckwörter zur Bezeichnung von Personen, München 1999.

Philippi, Jule: Zu Gast bei Freunden. Schimpfen und fluchen in 114 Sprachen, Reinbek bei Hamburg 2010.

Pignolo, Marie-Thérése / Heuber, Hans- Georg: Ne mäche pas tes mots: französische Redewendungen und ihre deutschen Pendants = Nimm kein Blatt vor den Mund!, Reinbek 1990.

Reichert, Monja: Mamma Mia! 2000 Redensarten Deutsch – Italienisch, Köln 2009.

Röhrich, Lutz: Lexikon der sprichwörtlichen Redensarten (5 Bde.), Freiburg im Breisgau 22010.

Schemann, Hans / Schemann-Dias, Luiza: Dicionário idiomático português-alemão: as expressões idiomáticas portuguesas, o seu uso no Brasil e os seus equivalentes alemães = Portugiesisch-deutsche Idiomatik, München 1981.

Schemann, Hans/ Knight, Paul: PONS Wörterbuch, Idiomatik Deutsch – Englisch, Stuttgart 1995.

Schemann, Hans/ Raymond, Alain: PONS Wörterbuch, Idiomatik Deutsch-Französisch, Stuttgart 1994.

Schkljarow, W. T. / Eckert, R. / Engelke, H.: Kurzes russisch-deutsches phraseologisches Wörterbuch mit etwa 800 Phraseologismen, Moskau 1977.

Schmutzige Wörter. Schimpfen und Fluchen in 6 Sprachen, Renningen 2010.

Schneider, Ilene: Talk Dirty Yiddish, Avon 2008.

Schottmann, Petersson. Wörterbuch der schwedischen Phraseologie in Sachgruppen, Berlin u. a. 22004.

Stora ordspråksboken: Svenska, engelska, tyska, franska och spanska ordspråk och talesätt, Stockholm 2004.

Thal, Hella (Hrsg.): Schmutzige Wörter. Deutsch/Wienerisch – Französisch – Englisch/Amerikanisch – Italienisch – Portugiesisch – Spanisch – Türkisch, Frankfurt am Main 41996.

Urban Dictionary. Fularious Street Slang Defined, Kansas City 2005.
Vanderplank, Dr. Robert: Uglier than a Monkey's Armpit, London 2007.
Zardo, Manuela: 1000 italienische Redensarten: mit Anwendungsbeispielen,
    Übersetzungen und Register, Berlin ³1990.

Im Internet
www.pons.de (mehrere Sprachen)
www.thefreedictionary.com (mehrere Sprachen)
www.dict.cc (mehrere Sprachen)
http://dict.leo.org (mehrere Sprachen)
http://forum.pauker.at (mehrere Sprachen)
www.urbandictionary.com (englisches Slangwörterbuch)
www.phrasen.com (phraseologisches Wörterbuch Deutsch – Englisch)
www.languefrancaise.net/bob (Französisch)
http://it.lingostudy.de (Italienisch)
http://www.myjmk.com (Spanisch)
http://dix.osola.com (Spanisch)
http://www.uitmuntend.de (Niederländisch)
http://slovnik.seznam.cz (Tschechisch)
http://slowniki.gazeta.pl (Polnisch)
http://www.heinzelnisse.info (Norwegisch)
http://deutsch-schwedisches-woerterbuch.elch.nu (Schwedisch)

Dank

Lebendigster Dank geht an alle, die mir bei der Suche nach und dem Ausprobieren von fremdsprachlichen Redewendungen geholfen haben, allen voran: Jantine Claus, Eik Dödtmann, Alba Garcia Gomez, Jadwiga Nadolska, Matjaz Pecar, Daniela & Julien Racine, Franziska Rost, Juhani Seppovaara, Marijke Topp, Margot Elfving Vogel und Alexander Wallraf.

Der Autor

Matthias Zimmermann, geboren 1980 in Halle/Saale, studierte Germanistik, Philosophie und Medienwissenschaften in Potsdam und im dänischen Roskilde. Er lebte drei Jahre in West-Afrika, unternahm längere Sprachreisen nach Frankreich und England und reiste nach seinem Studium mehrere Monate durch Südostasien. 2011/12 war er auf radioeins als »Der Redewender« zu hören. Im be.bra verlag erschien von ihm das Buch »Von nackten Rotkehlchen und furzenden Wölfen«.